MÉMOIRES
POUR SERVIR
A LA VIE
D'UN
HOMME CÉLÈB

MÉMOIRES

POUR SERVIR

A LA VIE

D'UN

HOMME CÉLÈBRE.

Par M. M****.

A PARIS,

Chez PLANCHER, éditeur du MANUEL DES BRAVES,
rue Poupée, n°. 7.

1819.

AVERTISSEMENT

DE

L'ÉDITEUR.

C'est à la curiosité seule qu'on a voulu parler, en publiant ce recueil, d'où l'on a eu le soin minutieux de bannir les réflexions pour ne s'attacher qu'aux faits.

Ceux qui concernent l'*homme* que tous les partis s'accordent à nommer *extraordinaire*, doivent conséquemment inspirer une sorte d'intérêt à toutes les opinions.

Il ne s'agit point, on le répète, de cet intérêt que les factions croient ou disent de l'attachement, et qui n'est que de l'ambition déguisée, mais de ce sentiment mélangé d'étonnement et de curiosité qu'on éprouve à l'aspect d'un phénomène.

On n'aime pas toujours ce qu'on admire ; et lorsque je ne sais quelle terreur se joint à l'admiration, l'objet qui l'excite est peut-être plus à plaindre qu'il n'est dangereux.

Que cette explication sincère des affections de l'éditeur le garantisse des inductions que l'erreur ou la mauvaise foi pourrait élever contre lui : il n'a prétendu que donner quelques coups de pinceau au portrait d'un homme qu'une génération a vu, dont celle qui la suit a entendu parler, et que la postérité seule pourra juger.

Quant à quelques anecdotes sur plusieurs

personnages, que leur renommée à livrés à la publicité, outre qu'on ne garantit leur authenticité, qu'avec les modifications qu'exige le respect dû à la vérité, on a pris soin de ne pas compromettre, en les nommant, ceux qui en sont les objets.

Les lecteurs qui, sur des initiales convenues, appliqueraient des noms véritables, les connaissaient déjà; et il est difficile, s'ils les ignoraient, qu'à travers ces voiles, ils puissent les pénétrer.

Dans ce cas, la responsabilité de l'équivoque passe toute entière de l'éditeur qui n'en a pas voulu faire, qui n'en a pas fait, au lecteur qui, dans sa pénétrante malignité, a voulu en trouver.

Enfin, pour répondre aux objections des plus timorés et des moins agguéris, le libraire est prêt à indiquer les sources où l'on a puisé : la seule condition qu'il mette à l'offre de cette communication, c'est que ceux qui la solliciteraient, fassent reconnaître leurs titres à la demander.

MÉMOIRES

POUR SERVIR A LA VIE

D'UN HOMME CÉLÈBRE.

NAPOLÉON DANS SA VIE PRIVÉE.

CHAPITRE PREMIER.

PREMIER MARIAGE DE NAPOLÉON.

Des considérations de famille ayant fait supprimer dans les Mémoires récemment publiés par le comte de Las-Cases certaines particularités jusqu'alors inconnues, nous croyons satisfaire la curiosité qu'elles provoquent, en les publiant. En voici quelques-unes qui concernent le premier mariage de Bonaparte. C'est lui qui parle dans

Prem. Partie.

une de ces réunions quotidiennes de Sainte-Hélène, où, sous la garantie de deux verroux, ou la secrète obscurité d'une grotte taillée dans le roc, il peut s'épancher avec Bertrand, Montholon, Las-Cases, en dépit de Hudson Lowe et de ses Anglais.

« Avant l'affaire de Toulon, je n'étais que moi : c'est à travers un méchant froc d'adjudant que Barras devina qu'il y avait un général d'artillerie. Après la journée de vendémiaire, ce ne fut plus un artilleur qu'on trouvait : on chercha, on crut démêler un personnage plus important. Les deux partis, car, au demeurant, il n'y en eut jamais davantage, se rangèrent à droite et à gauche, et je me plaçai naturellement au milieu. Croiriez-vous que les royalistes juraient par moi plus que les républicains ? C'est qu'ils sont très-vains et très-crédules. La défiance arma toujours les autres qui sont loyaux, sévères, mais qui deviennent ombrageux à la naissance d'une réputation. Le plus fin d'eutre eux prédit alors que j'exploiterais la mienne.

» La constitution de 95, de lamentable mémoire, avait institué, s'il vous en souvient, un simulacre de royauté temporaire, formé de cinq fantômes politiques, décorés du titre de Directeurs, dont un représentait, à tour de rôle, le personnage de roi. Un seul, dans la première promotion, était capable de figurer cette grande magistrature, sans qu'on y soupçonnât la comédie. Mais chez Rewbell, par exemple, c'était une parodie des plus plaisantes. La directrice Rewbell avait un pot de garde-robe timbré du chiffre de son époux, surmonté d'un bonnet de liberté, en guise de couronne, et on la surprit un jour qui faufilait une frange tricolore au bas de sa chemise. Mais ce n'est pas de Rewbell ni de son auguste moitié que je veux vous entretenir.

» Le gros alsacien Rewbell, avec ses formes germaniques, sa large face et son front dégarni, joua donc détestablement son trimestre royal, quant à la forme; mais s'il avait les mâchoires lourdes, il ne manquait ni de subtilité dans l'esprit, ni surtout de constance, et même d'opiniâtreté dans le caractère. Barras, moins flegmatique, avec des formes élégantes et des manières déliées, jouait le roi avec le talent d'un chef d'emploi, et le jouait surtout à la française, c'est-à-dire, qu'il régnait en plaisant. Cette urbanité, si nouvelle à la suite d'un régime sanguinaire et grossier, valut à Barras une sorte de cour. C'est là, comme dans un moule nouveau, que se reformait la société. Je me trouvai tout naturellement porté au centre de ce cercle. Barras, en me présentant à je ne sais combien de personnes, d'opinions, comme de conduite différentes, leur disait qu'il m'offrait volontiers à ses amis et à ses ennemis.

» Vous vous étonnez de ce langage, ou au moins de ce qui en fournissait l'occasion. C'est que Barras, dont les principes pouvaient être sûrs, mais dont les opinions étaient toutes de circonstance, n'en blâmait aucune, les accueillait toutes, ou plutôt faisait acception des individus, et ne jugeait que la conduite. Il y avait donc, dans sa société, des républicains austères et des royalistes enthousiastes, des *thermidoriens*, ardens comme Brutus, et des *vendémiairistes* calculateurs. On y voyait peu de jacobins proprement dits, et un plus petit nombre de contre-révolutionnaires *enragés*. Je n'ai pas besoin d'ajouter que les uns et les autres, toujours à couteaux tirés quand il s'agissait d'opinions, se ralliaient, se joignaient, manœuvraient ensemble, et faisaient bande commune, quand il était question d'intérêt.

» Jeté, par l'occasion, parmi ces rangs, plus opposés qu'ennemis, sans être ennemi de tous, je n'étais non plus l'ami d'aucun. Dans la complication de tant d'intérêts, je ne voyais rien de décisif, comme dans le mélange de tant d'opinions, je ne distinguais rien de positif. Mon rôle était d'observer et d'attendre : j'observais et j'attendais. A dire le vrai, on remarquait de temps en temps, dans le mécanisme du gouvernement, des discordances si choquantes, qu'on en concluait que ce n'était qu'un essai ou un provisoire. En attendant le définitif, on vivait donc au jour le jour, et chacun faisait ses projets.

J'avais aussi les miens : il fallait faire naître l'occasion d'en essayer un, ou du moins de profiter de celle qui aurait pu le faire réussir. Je cachais l'envie qui m'en dévorait sous un grand air d'indifférence, qu'un étranger remarquait d'abord comme une singularité, et qu'il méprisait bientôt comme une bizarrerie. Chacun de ces spéculateurs trouvait, dans ma simplicité, la critique de son ambition. Les faiseurs de phrases vantaient ma chevelure négligée, et, à propos de mon frac gris, ils citaient Curius Dentatus mangeant des pois-chiches. Plus pénétrant, Sieyes écrivait qu'il se défiait de mon teint *jonquille*, et que celui qui avait les joues si creuses n'employait pas toutes ses nuits à dormir.

» A propos de cette maigreur, je me rappelle un mot assez drôle de madame de Staël. Cette

Philaminte politique, qui ne fut jamais plus républicaine que depuis qu'elle était baronne, et plus anglaise, que depuis qu'elle fut suédoise, se trouvait à table chez Barras entre Sieyes et moi. L'abbé n'est ni très-blanc, ni très-gros, ni très-joli. On était au dessert. Il nous avait lu je ne sais quel projet additionnel à la constitution; car, depuis vingt ans, ce grand-vicaire, qui laissait son diocèse de Chartres manquer de mandemens, ne laissait pas la France jeûner de constitutions. Celle-ci, plus embrouillée, plus abstraite, plus idéologue qu'aucune, était griffonnée sur trois ou quatre enveloppes de lettres roussies par le temps ou la chaleur du cachet. C'était à la mi-octobre; et la température, très-froide et très-pluvieuse quelques jours auparavant, avait tout-à-coup tourné au chaud sec. Quelqu'un dit, Barras; je crois, nous aurons, cette année, deux automnes. Oui, dit madame de Staël, en glissant sur l'abbé Sieyes un regard qu'elle ramena et fixa sur moi, l'automne des feuilles, et celui des fruits. L'abbé demanda s'il fallait dire *celui* ou *celle*, en parlant de l'automne, et prétendit que le féminin était plus usité. C'est possible, mon cher abbé, répondit la baronne, et quand il s'agira de l'automne des feuilles, c'est plus naturel. Pour l'automne des fruits, il est décidément masculin : n'est-il pas vrai, général ?

» J'ai nommé la fille de M. Necker parmi les femmes qui composaient la société de Barras. Comme vous le supposez bien, elle n'était pas la seule. Barras, homme d'esprit, ne devait haïr ni l'esprit, ni même le génie ; mais Barras, homme de plaisir, n'ignorait pas que l'esprit est quelquefois bien subtil et le génie trop sublime. Il est des momens où même le cinquième volume d'un monarque a besoin de délassemens moins élevés. Monté sur le faîte, aurait dit le bon homme Corneille, *il aspire* à descendre. Je remarque en passant que je ne l'ai pas laissé aspirer long-temps.

» Parmi les beautés de la Cour, il y avait une petite ingénuité de dix-sept ans, qui, avec un visage de *Madonne* du Guide, avait le naturel éveillé et les inclinations capricieuses de la *Roxelane* des *Trois Sultanes*. On se plaisait à agacer, à contrarier même cette fantasque odalisque, dans l'espérance qu'elle se vengerait sur *Soliman Barras*; et en effet elle y manquait rarement. Mais Barras, quand il avait laissé dans la salle du conseil son manteau espagnol et sa toque à la Henri IV, n'était plus qu'un enfant qui riait, folâtrait, et ne savait résister ni aux mutineries, ni au caquet d'un autre enfant. Et ce n'était pas le compte de celle-ci. Elle était comme le baron de je ne sais quelle comédie, elle aimait les objections afin d'avoir le plaisir de les combattre. En conséquence, elle négligea le maître qui ne savait que céder, et s'adressa, pour trouver de la résistance, à celui qu'elle avait jugé capable d'en opposer.

» Ce petit calcul n'était pas maladroit. Vous pressentez d'avance que ce fut sur moi qu'on dirigea toutes ses batteries. On avait pas eu de peine à remarquer ma longue mine froide, soucieuse ou indifférente. D'abord on feignit d'y faire peu d'attention. De cette indifférence de commande, on passa au dédain, et celui-ci éclatait, à bout portant, par des railleries pleines de malice. Toute cette manœuvre ne m'échappait point ; mais qu'était-ce que ce badinage comparé à un but plus sérieux ? Barras, qui me voulait du bien, me répétait souvent que j'avais ma fortune à faire, et je me le disais encore mieux. Les mignarderies de Roxelane me faisaient donc sourire et m'amusaient, sans m'occuper le moins du monde. La porte du Luxembourg ou de Gros Bois fermée, je n'y pensais plus.

» Piquée de cette résistance négative, la petite personne change de tactique. Un jour, ou plutôt un soir, le hasard, probablement calculé, la laisse seule avec moi, dans une allée couverte du parc. Tout le jour, elle avait paru triste, posée, mélancolique. Barras m'avait même fait remarquer des larmes dans ses beaux yeux. On parlait d'une mère émigrée, qu'une imprudence venait de livrer à quelques anciens révolutionnaires campagnards, devenus municipaux, et dont toute l'autorité directorialle ne pouvait prévenir le fâcheux effet. Ce fut, comme de raison, le texte de notre conversation. Je commençais à trouver cette douleur beaucoup plus intéressante que ses caprices, lorsqu'au détour d'une charmille, qui découvrait l'horizon, la lune, qui se levait, tomba d'à-plomb sur le visage de la jeune affligée, et me le montra avec de nouveaux avantages. Elle était pâle, tremblante et pleurait ; marchant à peine, elle s'appuyait sur moi, et tandis qu'elle me contait son infortune, une de ses larmes tomba sur ma main. A ma place, mes amis, qu'auriez-vous fait ? Alors je n'étais pas devenu un tyran, et je ne me sentais pas ces entrailles de fer, dont *le Journal des débats* et les teinturiers du libraire Dentu m'ont si libéralement gratifié. Je m'animai d'un beau zèle en faveur de *cette fille de la proscription*, et ne la quittai que pour arracher du directeur la promesse que toute poursuite, à cet égard, serait suspendue.

» On s'attache par les bienfaits peut être plus que par la reconnaissance. La position de ma jeune protégée semblait avoir changé son caractère; me voilà aussi changé avec l'un et avec l'autre. Je ne sais pas peindre l'amour, mais peut-être le savais-je ressentir; et il me semble que mon nouveau sentiment n'était pas indigne de ce nom. Vous en jugerez, comme moi, en apprenant qu'il me fit oublier mes projets, et négliger le soin de mon avancement. Barras, trop léger, trop inconséquent peut être, pour s'en occuper, aurait, je crois, bientôt oublié Toulon et vendémiaire, sans une femme qui faisait aussi partie de sa société, ou plutôt qui en était la perle et l'ornement.

» Chacun de vous, mes amis, a nommé madame de Beauharnais. C'est elle, en effet, qui de cette époque de ma vie, où j'oubliais que le passé est la semence de l'avenir, a fait le point d'où je suis parti pour aller à la gloire et à la postérité.

» Quelques mois avant l'affaire du 13, je vivais en commun avec Junot. Depuis, séparé de lui, par un genre d'existence qui ne convenait plus à la sienne, je ne le voyais que de loin en loin. Informé de ma passion, il accourut, commença par des conseils, et finit par des reproches. Je n'endurai ni les uns, ni les autres. Il était lié avec une manière d'homme de lettres qui endormait de ses vers la dixième Muse, Fanny Beauharnais. Junot se fit présenter chez cette dame ; il y vit la veuve du vicomte, l'intéressa en ma faveur, et par elle réveilla, dans Barras, tout l'intérêt que ce directeur m'avait naguère témoigné.

» La circonstance était favorable, et commençait à devenir innocente. Les deux partis, qui agitaient la république, concentraient insensiblement leurs forces autour de Barras. Chacun d'eux lui exposait ses motifs, expliquait ses moyens, justifiait ses vues. Tous lui faisaient un pont d'or.

» Un jour il me jeta négligemment ces questions : Que pensez-vous des royalistes?—Que ce sont des sots. —Et des révolutionnaires?— Que ce sont des méchans. — S'il était question de servir les uns ou les autres, que feriez-vous ? — Je me coucherais.

» Une autrefois, il me demanda ce que je pensais de madame Beauharnais : qu'elle est aussi bonne que belle, répondis-je avec conviction. Mais, observa Barras, elle n'est plus dans la fleur de la jeunesse et a de grands enfans. Enfans charmans d'une charmante mère, dis-je aussitôt. Je lui conseille de ne pas rester veuve, reprit Barras. Je lui donnerais le même conseil répondis-je. Tenez, ajouta mystérieusement le directeur, il n'est pas impossible que cette femme devienne le plus grand parti de la république, et son mari pourrait bien jouer un rôle. Barras me quitta à ces mots, qui me donnèrent prodigieusement à rêver.

» Le lendemain, il me sembla que ma petite ingénuité n'était plus si séduisante ; et mes yeux, malgré moi, s'arrêtèrent plus souvent sur madame de Beauharnais.

» Quelques jours après, j'eus une visite, un colloque et une lettre, tout ordinaires dans ce temps-là, mais qui vont vous paraître étranges dans celui-ci. Voici d'abord la lettre :

» Un matin, la petite poste m'apporte une longue missive écrite sur papier *tellière*, en caractère presque gothiques, et d'une orthographe surannée. Après deux pages très-prolixes, par lesquelles on me démontre ou l'on croit me démontrer que l'état actuel des choses ne saurait subsister (ce dont je me doutais), on me prouve, ou l'on croit me prouver que la royauté *absolue* de Louis XIV est le seul gouvernement qui puisse, non-seulement sauver la France de la crise momentanée qui la menaçait, mais lui con-

venir dans tous les temps. Et l'on termine l'exposition de cette doctrine orthodoxe par ces mots remarquables : « Vous avez à la fois l'ame trop
» élevée et l'esprit trop éclairé, Monsieur le
» général, pour ne pas être convaincu qu'une
» opinion, devenue par le temps un principe
» expérimental, ne peut pas ne point triompher
» tôt ou tard. Elle est dans le sang national, et,
» si l'on ose dire, dans le lait des Français. Par
» raison, par sentiment, elle doit donc être
» celle des souverains de l'Europe, intéressés
» d'ailleurs, pour leur propre compte, à en éta-
» blir les effets. Déterminé par ces considéra-
» tions, où l'intérêt se joint à la justice, vous
» n'hésiterez pas, Monsieur le général, à profiter
» de l'ascendant que vous donnent vos talens,
» votre situation actuelle et celle qu'un concours
» inouï de circonstances peut vous donner de-
» main. Dites un mot, en effet, manifestez une
» intention, et la première place du royaume
» est rétablie en votre faveur. Il serait bien juste
» que la main qui relevera le sceptre fût armée
» de l'épée du connétable pour le soutenir. »

» Quant à la visite, elle fut courte, et la harangue qu'on m'y adressa, laconique. Vers onze heures du soir, comme je rentrais chez moi, un homme s'élance d'un corridor obscur et me suit, en me talonnant. Sur un geste de ma main, portée involontairement à la garde de mon épée : Rassurez-vous, dit-il d'un ton sinistre, il ne s'agit pas de votre existence; mais de celle de la république. La voulez-vous, la république ? — Que vous importe ? J'interroge quelquefois et réponds rarement. — C'est répondre, cela ? Vous vous croyez fin, parce que vous êtes faux, et secret, parce que vous êtes mystérieux. Il n'y a, pour les patriotes, ni finesses, ni mystères. Vous voulez la république, si vous y êtes le premier ; la monarchie, si vous y devenez le second. Ne le soyez jamais, croyez-moi, vous ne le seriez pas long-temps. Mais employez votre crédit à rétablir la république. Ou si la couronne de chêne avait pour vous moins d'éclat que la couronne d'or, songez que pour le sein d'un César nous gardons les poignards de cent Brutus. — A ces douces paroles, le Brutus du coin entr'ouvre son manteau, sous lequel, à la lueur d'un réverbère, je vois briller un large couteau de boucher. Je veux saisir l'assassin ; mais par un choc circulaire, qui le débarrasse de son ample draperie, il m'échappe, ne m'abandonne que son manteau. Et de deux.

» La troisième entreprise fut tentée sur moi, dans une conversation que j'eus, après dîner, dans le jardin du Petit-Luxembourg, avec l'un des principaux meneurs de cette époque. Au rebour des deux autres, celui-ci approuvait tout, ne blâmait rien, et trouvait seulement que la puissance du directoire était bien bornée. Placée entre deux grandes résistances, disait-il, il ne saurait leur résister que tour-à-tour, les opposer l'une à l'autre sans cesse, et, au lieu de les attaquer ensemble et de front, il biaise et les ménage. De-là vient la hardiesse, les espérances, les tentatives partielles des deux factions. Investissez, pour trois jours, le gouvernement d'une sorte de dictature, et un coup de tonnerre fera taire ces vents ennemis et déchaînés. Malheureusement, des cinq directeurs, un seul jouit de quelque popularité. Mais s'il était soutenu par un général dont les talens prouvés, le nom célèbre et l'intention connue..... J'interrompis l'interlocuteur pour lui demander où il en voulait venir. A vous faire comprendre, me dit-il, que la fin d'une révolution ranime également le parti qui la fit et qui frémit de se voir arracher sa propriété, et le parti contre lequel on la dirigea et qui reprend ses forces à mesure que l'autre perd les siennes. L'un a des regrets fanatiques, l'autre des espérances superstitieuses; tous deux, mus par des sentimens qu'ils réputent analogues, réunissent, coalisent leurs efforts, parce qu'ils croient avoir confondu leurs intérêts. Qui dénouera ce double nœud ? Personne : pour le trancher, il faut un sabre, du canon peut-être, et l'on compte sur celui qui fit si bien taire le chien de saint Roch. — Nous ne sommes qu'au printemps ; il n'y a pas cinq mois que la machine roule ; la poire n'est pas mûre : attendons. Telle fut ma réponse, et le 18 fructidor fut ajourné à dix-huit mois. Il est vrai qu'il y eut trois ou quatre révolutions intermédiaires, et que, tandis que les factions se combattaient, sans pouvoir s'abbattre, moi je battais l'empereur en Italie.

» Dans les intervalles de ces négociations, je voyais souvent Barras ; et comme je le soupçonnais d'en diriger quelques-unes, et de me faire *tâter* pour découvrir vers laquelle je pencherais, je ne manquais pas de l'observer scrupuleusemeent. Il rit de bon cœur au récit des deux premières : celui de la troisième me le montra moins gai. Parce qu'il a fait depuis, l'on peut préjuger de ce qu'il eût voulu faire alors. Mais comme tous ceux qui ont le cœur dans la tête, il ne savait pas attendre. C'est un grand obstacle au succès. Qui veut le brusquer, ne cueille qu'un fruit vert et qui ne mûrira jamais. Moi, je n'ai si souvent et si long-temps réussi que pour avoir laissé mûrir les événemens sur leur tige.

» En ce temps-là, l'armée d'Italie était au rebut, parce qu'avec son incapacité native, le directoire ne la destinait à rien. Schérer, protégé par Rewbell, la commandait; et quand l'affaire de Loano, qu'on appela un bataille, eut été gagnée sur les Austro-Sardes, on en fit, au Luxembourg, des feux de joie qui décelaient assez l'inhabitude de la victoire. Carnot pliait les épaules, et Barras lui disait : Voilà l'armée qu'il vous faudrait. Si je l'avais, répondis-je, l'armée du Rhin serait bientôt l'armée du Danube.

» Au milieu de toute cette politique mixte, je négligeais un peu plus ma petite Roxelane et un peu moins la veuve de Beauharnais. Timide, ou plutôt embarrassé avec les femmes, je passais auprès d'elle, d'une politesse gauche à une galanterie impertinente. Elle avait bien assez de pénétration pour s'en apercevoir, mais trop de véritable bonté pour m'en parler. Elle s'occupait beaucoup de moi, non pas à la façon des coquettes qui, dans leurs efforts pour plaire, décèlent l'intention de captiver, mais comme une amie qui ne captive en effet si étroitement, que parce qu'elle chérit avec sincérité. Cette dernière qualité dominait dans madame de Beauharnais, et lui a toujours donné parmi les autres femmes, la supériorité qu'un diamant de Golconde a sur

Première partie.

les cailloux du Rhin. Roxelane, je n'ai que faire de vous le dire, voyait son empire décliner d'instans en instans, ébranlé par ses propres caprices, et quelquefois ses inconséquences et sa fausseté. Celui de la femme que je rougirais   sa rivale, se fortifiait par les qualités contraires. Une circonstance compléta son triomphe et décida mon bonheur.

» Nous déjeunons demain chez madame de Beauharnais, me dit un soir Barras en me quittant; soyez exact, et n'oubliez pas le bouquet d'héliotrope. La vicomtesse prétend que vous y avez la main.

» Je fus matinal, J'étais le premier arrivé. Il pleuvait. Réduit à me promener seul dans le salon, je parcourais quelques brochures éparses sur une console, quand un valet de chambre me remit, *de la part de madame*, une feuille fraichement imprimée, qu'elle m'invitait à lire attentivement. Je lus. Par l'extrait que je vais vous donner de ce pamphlet, vous allez juger de mon étonnement.

» La révolution, faite *pour* le peuple, tourne
» *contre* le peuple, parce qu'elle a été faite *par*
» le peuple. Il est urgent et il est temps encore
» de remédier à de mal qui, prolongé, anéantit
» la nation comme il a anéanti l'état. Pour cela,

» le moyen est facile : il faut tout recommencer
» *pour* le peuple et rien *avec* lui.
» La France n'est point essentiellement mo-
» narchique, comme l'ont prétendu les échos
» de l'Œil-de-Bœuf; elle n'est pas non plus
» nécessairement démocratique, comme le ré-
» pètent les tricoteuses du club Saint-Honoré ;
» pas davantage, et moins encore, elle n'est,
» ne peut et ne veut être menée par l'aristo-
» cratie, ainsi qu'on le professe en parlement,
» en Sorbonne et dans les salons de madame de
» Polignac. Qu'est donc la France ? que veut-
» elle, que peut-elle, que doit-elle être ? Jetez
» un coup-d'œil sur la carte, et prononcez. Une
» décision de géographie est ici une excellente
» solution politique.
» Si le sol veut que la France soit agricole,
» l'activité de ses habitans et sa topographie ma-
» ritime exigent qu'elle soit commerçante. Or,
» il n'y a ni agriculture, sans une grande divi-
» sion dans les propriétés, ni commerce, sans
» des libertés presque illimitées. Ajoutez à ces
» premières sources des fortunes privées, et de la
» richesse publique ; l'industrie proprement
» dite, laquelle, sans une propriété territoriale,
» fait valoir, exploite et centuple toute propriété :
» l'égalité civile, c'est-à-dire la communauté de

» bénéfices, est réclamée par la communauté de
» travaux et de charges. Je trouve dans cette
» disposition radicale des intérêts, la théorie de
» la politique française et le principe de son
» gouvernement.

» Qu'à ces considérations, que leur impor-
» tance doit faire nommer essentielles, vous
» ajoutiez l'indépendance naturelle de l'homme,
» la vivacité endémique à la France et ce grain
» de vanité que chacun de ses citoyens fait fumer
» en son propre honneur, je ne m'y oppose
» point, et n'empêche pas même que vous dé-
» coriez du titre de dignité de l'homme des qua-
» lités aussi aptes à devenir des travers que des
» vertus. Mais ces qualités, qui ne sont que des
» effets de position, ne produisent que des opi-
» nions mobiles, tandis que sa situation géogra-
» phique et ses résultats du cadastre sont ses
» bases d'intérêts immeubles. Consultons donc
» une statistique sans lacune, si nous voulons en
» déduire une politique sans erreur.

» Depuis je ne sais combien d'années, je de-
» vrais dire des siècles, la France demande une
» constitution; et quoique chaque six mois on
» réponde à cette requête par un acte consti-
» tutionnel, le problème n'est point encore ré-
» solu. Est-il donc si difficile ? Non. Mais on

» s'écarte plus ou moins du terrain de la ques-
» tion. La question n'est pas de donner un gou-
» vernement qui plaise, mais qui convienne. Il
» faut garantir les intérêts et non caresser les
» opinions. Bien entendu pourtant, d'une part,
» qu'il ne faut ni les dédaigner ni leur faire la
» guerre ; et, de l'autre, que, lorsqu'épurées
» par l'expérience et concentrées par un vœu
» commun, elles sont devenues l'opinion pu-
» blique, il faut les respecter. Mais alors, elles
» s'accordent merveilleusement avec les in-
» térêts.

» Or, dans la conjecture actuelle, résultat
» heureux d'une révolution déplorablement pro-
» longée, que veulent les intérêts éclairés par
» l'opinion ? Une constitution mixte, qui, après
» avoir facilité la division et l'exploitation des
» propriétés, garantisse l'indépendance de l'in-
» dustrie, la circulation et l'échange de ses
» fruits, l'égalité des bénéfices qu'ils rapportent,
» avec l'égalité des charges que leur manuten-
» tion entraîne. Qui écrira cet acte constitutif?
» Un philosophe, sous la dictée d'un laboureur
» et d'un commerçant ; car toute politique qui
» n'a point pour base la propriété, et pour
» sommet l'industrie, ressemble à un édifice
» sans fondations et sans toiture. Y serai-je

» libre et indépendant, si le vent m'y incom-
» mode, et si les murailles, mal assises, me-
» nacent de s'écrouler ?

» Si ces principes sont incontestables, ne les
» oubliez pas dans l'application. »

— Pendant que je lisais, les convives arrivèrent. Ils étaient en petit nombre, et ce qui m'étonna, de couleur, non-seulement opposée, mais contraire et ennemie. Barras les mit en jeu. Antonelle, l'ancien maire d'Arles, s'y montra plus *cordelier* que Danton, plus démocrate que Camille-Desmoulins, plus démagogue que l'orateur du genre humain, le baron prussien Clootz, dit Anacharsis. Un nommé Richer de Sérizy, beau diseur et méchant logicien, plaida pour la réaction, l'arbitraire, le despotisme. Chacun prit parti pour ou contre. Barras, naturellement jovial, écoutait tout avec un sérieux imperturbable, et remboursait à chaque minute de singuliers complimens. J'avoue que j'étais étourdi d'une scène où, de tous côtés et par tous moyens, on attaquait la république devant un de ses fondateurs, et le gouvernement en face de son chef. A voir l'animosité des contendans, je craignais une rixe ; à considérer le sang-froid affecté du Directeur, je supposais un coup d'autorité. Mais madame de Beauharnais, remplie de graces, d'urbanité, de bienveillance, opposait la douceur la plus aimable à l'aigreur de la dispute, tempérait par une plaisanterie spirituelle la hauteur, l'insolence même des prétentions, et faisait contraster toute l'aménité d'une femme du monde avec l'égoïsme dur et tranchant des prétendus hommes d'état. Ce contraste me frappa d'autant plus, que madame de Beauharnais était la seule femme de ce déjeûner, pendant lequel, d'ailleurs, elle ne montra pour moi que la même politesse et les mêmes attentions qu'elle partageait entre tous ses convives.. « Ils sortirent l'un après l'autre, et nous demeurâmes seuls, Barras, madame de Beauharnais et moi. Vous avez été bien silencieux, me dit le directeur? — Dites prudent, interrompit la vicomtesse. Comment pouvez-vous voir ces pestes-là, demandai-je avec humeur? Voilà, répondit Barras, les représentans des opinions. Et ce sont les plus raisonnables, ajouta madame de Beauharnais? Mais, dis-je, j'enverrais ces plus raisonnables à la haute-cour de Vendôme. Le voyage serait un peu dur pour des fous, dit en souriant l'aimable veuve. D'autant plus que le retour ne serait pas certain, ajouta Barras. Claquemurez-les moi donc à Charenton, m'écriai-je aussitôt. »

» Madame de Beauharnais me recommanda,

non plus de lire, mais de méditer l'écrit dont je viens de vous communiquer l'extrait. Un thé fut indiqué, à quatre jours, chez la comtesse Fanny, tante de mon incomparable amie. Je compte sur vous, général, me dit-elle, en me tendant la main, que je baisai en tressaillant ; car, en vérité, je devenais passionnément amoureux.

» Ne me demandez pas ce que faisait Roxelane: la plus grande faveur que j'en eusse obtenu était un gand qu'elle m'avait jeté au nez, dans un accès de fantaisie toute majestueuse. Depuis ce moment, je ne l'avais qu'entrevue, et de loin, dans un coin de salon, où elle boudait sur un canapé. J'attendais fort patiemment que cette bourasque passât, et je m'en consolais chez madame de Beauharnais, dont le baromètre était au beau fixe.

» Sur l'annonce d'un thé chez une vieille femme de lettres, vous vous attendez à une autre Macédoine de savans, d'avocats, d'artistes, de poëtes, de gens du monde. Pas du tout. Quatre provinciaux et leurs dignes moitiés composaient tout le cercle ; mais il est bon que vous sachiez que de ces quatre provinciaux, l'un était un armateur de Bordeaux qui convoyait pour les Deux-Indes les blés et les vins de ses deux amis, dont le premier exploitait en Brie une immense propriété rurale, et dont l'autre possédait la moitié du vignoble entre Beaune et Mâcon.

» Tout naturellement la conversation roula sur le commerce, l'agriculture et l'industrie. Le quatrième provincial, gros manufacturier des environs de Rouen, parla de ces objets en homme qui les étudie *sur le métier*. Je fus agréablement surpris de me trouver transporté du champ vague et sans limites des conjectures, des opinions et des projets, sur le terrain solide des faits ; et je me promis bien, si jamais je touchais à quelque partie de la manœuvre politique, que j'éviterais, comme remplie d'écueils, la mer orageuse des opinions, qui balottent le petit nombre, pour me diriger vers les intérêts qui calment et satisfont le plus grand.

» A la suite de ces préliminaires, on s'expliqua ; madame de Beauharnais portant la parole. Je comprenais qu'un changement, qu'une révolution, tranchons le mot, étaient nécessaires ; j'appris qu'on s'y préparait de longue main. Mais j'avoue que j'éprouvai un étonnement, qui tenait de la stupéfaction, lorsqu'il me fut révélé que cette révolution avait pour ame secrète Barras, et pour objet les Bourbons. Des conférences étaient entamées entre ce Directeur et un agent du *prétendant*, lequel, d'ailleurs, s'engageait à accorder une constitution libre, garantie de toutes les opinions et de tous les intérêts. Cependant il fallait à cette entreprise un chef, dont la consistance en talens, en faits, en moralité, justifiât la confiance du parti constitutionnel, sans éveiller les soupçons ni des révolutionnaires, ni des républicains. Voulais-je devenir ce chef, car on ne mettait pas en doute que je fusse capable de l'être ? C'est à répondre à cette question qu'on me préparait depuis quelque temps. Je fis moi-même une multitude de demandes, auxquelles madame de Beauharnais répondait avec douceur, avec patience, mais quelquefois sans clarté. Et lorsqu'enfin j'interrogeai sur ce qu'en dernière analyse, l'on voulait faire de moi, et ce que serait d'abord et ostensiblement ce chef, dont on attendait un résultat si important, la vicomtesse sourit, mit un doigt sur sa bouche, et me dit, avec un abandon, que j'aurais pu croire de la tendresse : le cher Directeur s'est chargé de répondre à cela.

» Barras résuma laconiquement tout ce que la vicomtesse m'avait développé avec précaution. Il s'agissait, en dernier terme, de rétablir les Bourbons, mais non l'ancien régime. Le roi, philosophe autant que politique, engageait sa parole d'obéir au siècle, et de ne remonter sur le trône que pour y faire asseoir la liberté. Un système représentatif, bien ordonné, garantissait la bonne foi et l'exécution de cette promesse. Rien d'ailleurs ne pressait. Il fallait que le temps mûrît ce projet, dont l'exécution ne pouvait être confiée qu'à un puissant caractère et à la plus imposante réputation. On m'envoyait en Italie pour éprouver l'un et obtenir l'autre. Mais afin que le commandement de cette armée ne me parût pas susceptible de refus, on me le faisait offrir par madame de Beauharnais, qui y joignait le don de sa main.

» Quel piége! que de passions tentées à-la-fois! Cependant, revenu d'un premier éblouissement, j'acceptai tout et ne promis rien. La main de la femme la plus aimable, et le commandement d'une armée que je voulais rendre la plus héroïque, devaient assouvir à-la-fois l'orgueil et l'amour. Barras me vit partir avec ravissement; et, sans me lier par aucun engagement, il attendit tout de la reconnaissance.

CHAPITRE II.

Divorce et second mariage de Napoléon.

Napoléon venait de cueillir de nouveaux lauriers, dans cette campagne de 1809, qui éleva si fort la France aux dépens de l'Autriche. Rien ne manquait à la gloire de ce prince ; mais il manquait un héritier à son ambition. Un héritier n'est pas le mot : n'avait-il pas Eugène, Eugène, qu'il avait adopté, et qui, également bien placé à la tête du gouvernement et au commandement de l'armée, inspirait tout-à-la-fois de l'amour aux peuples et de la confiance aux soldats ? Mais d'abord, ce jeune prince n'était pas de son sang, et sa vanité de père était mécontente d'un fils que le choix et non la nature lui avait donné. En second lieu, ne craignait-il pas que les principes, le caractère, la conduite de son successeur ne fût la satyre de son Eugène ? En effet, douceur, bonté, modération, tels sont les qualités dominantes du prince Eugène :

étaient-ce celles de son beau-père ? Ce dernier avait long-temps espéré un rejeton de son union avec Joséphine ; mais le temps était venu où cette espérance ne pouvait se conserver sans folle illusion. D'un autre côté, le fils aîné du roi Louis venait de succomber. On avait long-temps regardé cet enfant comme devant être le successeur de son oncle. On se disait même, d'abord tout bas, ensuite assez haut, qu'il était son fils, et que l'empereur n'avait donné Hortense Beauharnais en mariage à Louis, que pour couvrir et sa liaison trop intime avec elle, et le résultat de cette liaison. Pour prouver, pour apprécier du moins cette conjecture, on objectait que Louis n'avait jamais pu souffrir sa femme. Il est pourtant certain que jamais Napoléon n'eut de commerce illicite avec Hortense Beauharnais, qu'il aimait, comme il aimait Eugène, par ce qu'ils étaient les enfans de son épouse. Dans les divers mariages qu'il décida, soit dans sa propre famille, soit parmi les personnes de sa cour, jamais il ne consulta l'inclination des parties. Après avoir pesé les circonstances, il obéissait aux convenances ; sa volonté alors était un ordre irrévocable, autant qu'absolu. Louis, forcé de s'y soumettre comme un autre, fut obligé d'épouser Hortense, quand il était amoureux fou de mademoiselle Tascher, mariée depuis au prince d'Aremberg. De là l'éloignement de Louis pour une femme dont le caractère était aimable, et qui fit d'inutiles efforts pour le ramener à elle. Jamais celui-ci ne put pardonner à son frère la violence exercée contre son inclination. L'aigreur régna entre eux depuis ce temps. Si Napoléon plaça Louis sur le trône de Hollande, ce fut moins par affection que par ambition personnelle, et pour illustrer sa famille. Les politiques virent dans cet événement un moyen d'extension au fameux système continental, au succès duquel la Hollande pouvait beaucoup, mais que son nouveau roi fut loin de favoriser, qu'il trahit au contraire, en protégeant le commerce d'entrepôt, qui seul fait exister et fleurir le pays confié à son gouvernement. C'était trop exiger d'un caractère bon et *bourgeois*, si l'on peut dire, tel que celui du roi Louis, qu'il abjurât à la fois les affections naturelles et sociales, pour servir un système gigantesque, qu'il ne comprenait peut-être pas très-bien, et dont il ne voyait que le mauvais côté. De toutes ces violences, le bon Louis conserva sur son nouveau trône un vif et opiniâtre ressentiment; et lorsqu'après la mort de son fils aîné, l'empereur lui demanda le second pour l'adopter, il ne voulut jamais y consentir.

Napoléon qui aspirait à la gloire de fonder une quatrième dynastie française, voulait pourtant un héritier; il le voulait de telle sorte qu'il pût le former de bonne heure à ses maximes. Dès cette époque, il songea au divorce; mais quoique la connaissance qu'il prenait de plus en plus des hommes, les lui fit mépriser chaque jour davantage, il conservait encore pour l'opinion un certain respect. Il eut soin de laisser se répandre cette idée de divorce, qu'il affecta pourtant de démentir; et il comptait qu'il pourrait se le permettre quand il voudrait, sans trop heurter les sentimens de ses sujets. Joséphine disputa le terrain pied à pied. Elle était universellement chérie : on la nommait la bonne étoile de l'empereur, et lorsque le Sénat, dans une de ses harangues, la surnomma *Joséphine la bien-aimée*, toute la France répéta et confirma ce serment attendrissant. On savait qu'aux graces et à l'amabilité qui l'avaient toujours distinguée, elle savait si bien réunir les moyens de plaire à son impérieux et irascible époux, qu'on lui savait gré du bien qu'elle lui faisait faire, sans lui imputer le mal qu'elle ne pouvait empêcher.

Sa chute était pourtant prononcée, et ce fut une circonstance assez peu importante qui la décida. L'empereur revenant de Vienne lui avait fait dire d evenir le rejoindre à Fontainebleau. Elle était habituée à ces rendez-vous, qu'elle regardait comme des ordres, et jamais elle n'avait manqué d'y arriver la première. Napoléon, cette fois, la prévint de six heures ; mécontent de l'avoir attendue si long-temps, il lui fit des reproches dans lesquels il ne ménagea pas les termes. Joséphine blessée, laissa aussi échapper quelques paroles un peu dures : on se dit de ces choses que rien ne répare, que rien ne fait oublier. Le mot de *divorce* fut prononcé. Depuis ce temps, il fut l'objet des pensées sérieuses de l'empereur ; il eut lieu quatre mois après, et fut peut être la première origine de sa chute, par l'essor immodéré que son second mariage donna à son ambition.

Dès que ce divorce fut prononcé, toute l'Europe eut les yeux fixés sur la France, et l'on formait mille conjectures pour savoir quelle serait la souveraine qui viendrait y régner. Le duc de Rovigo (Savary) fut envoyé en Russie pour faire la demande d'une sœur de l'empereur Alexandre. Cette négociation paraissait même sur le point de réussir, quand l'impératrice douairière la fit échouer, en déclarant formellement que jamais elle ne consentirait à cette alliance. Le public cherchait encore dans les diverses cours de l'Europe quelle princesse pouvait être destinée à porter la couronne de France, quand on apprit que Napoléon avait obtenu celle à qui personne n'avait songé, une princesse du sang d'Autriche, une petite nièce de Marie-Antoinette.

Le prince de Neufchâtel (Berthier) qui avait négocié ce mariage, reçut à Vienne la bénédiction nuptiale, comme chargé de la procuration de l'Empereur, et bientôt la route de Strasbourg fut couverte de voitures qui conduisaient la maison de la nouvelle impératrice à Braunau, où elle devait congédier la sienne.

Marie-Louise avait alors dix-huit ans et demi. Une taille majestueuse, une démarche noble, beaucoup de fraîcheur et d'éclat, des cheveux blonds qui n'avaient rien de fade, des yeux bleus, mais animés; une main et un pied qui auraient pu servir de modèles; un peu trop d'embonpoint peut-être, défaut qu'elle ne conserva pas long-temps en France : tels étaient les avantages qu'on remarqua d'abord en elle. Rien n'était plus gracieux, plus aimable que sa figure, quand elle se trouvait bien à l'aise dans l'intimité, ou au milieu de personnes avec lesquelles elle était particulièrement liée ; mais dans le grand monde, et surtout dans les premiers momens de son arrivée en France, sa timidité lui donnait un air d'embarras que l'on prenait mal à propos pour de la hauteur. Elle avait reçu une éducation très-soignée ; ses goûts étaient simples, son esprit cultivé. Elle s'exprimait en français, presqu'avec autant d'aisance que dans sa langue naturelle. Calme, réfléchie, bonne et sensible, quoique peu démonstrative, elle avait tous les talens agréables, aimait à s'occuper et ne connaissait pas l'ennui. Nulle femme n'aurait pu mieux convenir à Napoléon. Douce et paisible, étrangère à toute espèce d'intrigue, jamais elle ne se mêlait des affaires publiques, et elle n'en était instruite le plus souvent que par la voie des journaux. Pour mettre le comble au bonheur de Napoléon, le destin voulut que cette jeune princesse qui aurait pu ne voir en lui que le persécuteur de sa famille, l'homme qui l'avait obligée deux fois à fuir de Vienne, se trouvât flattée de captiver celui que la renommée proclamait comme le héros de l'Europe, et éprouvât bientôt pour lui le plus tendre attachement.

La princesse arriva : son abord n'eut rien de triste, ni de lugubre ; elle se montra gracieuse envers tout le monde, et elle eut le talent de plaire presque généralement. Elle ne quitta pas les personnes qui l'avaient accompagnée de Vienne, sans un profond attendrissement ; mais elle s'en sépara avec courage. Au moment où elle monta dans la voiture qui devait la conduire à Munich, le grand-maître de sa maison, vieillard presque septuagénaire, éleva ses mains vers le ciel, et l'implora pour sa jeune maîtresse. En la bénissant, comme aurait fait un père, ses yeux annonçaient une âme pleine de grandes pensées, et aussi occupée de vagues et noirs pressentimens que de tristes souvenirs. Ses larmes en arrachèrent à tous les témoins de cette scène attendrissante.

La princesse Caroline, alors reine de Naples, chargée par l'empereur d'organiser la maison de sa belle-sœur, se crut, dès qu'elle la vit, destinée à prendre sur elle un très-grand ascendant. Avec une conduite plus adroite, elle l'eût peut-être obtenu. On a dit de cette princesse qu'elle avait la tête de Cromwell sur le corps d'une jolie femme. Née avec un grand caractère, une tête forte, de grandes idées, un esprit souple et délié, de la grâce, de l'amabilité, séduisante au-delà de toute expression, il ne lui manquait pour dominer, que de savoir mieux cacher son amour pour la domination.

Dès le premier instant qu'elle vit la princesse d'Autriche, elle crut avoir deviné son caractère et se trompa complètement. Elle prit sa timidité pour de la faiblesse, son embarras pour de la gaucherie : elle crut n'avoir qu'à commander, et aliéna d'elle un cœur qui ne demandait qu'à la chérir.

Le premier sacrifice qu'elle en exigea fut celui de madame de Lajeski, grande-maîtresse de sa maison, qu'on renvoya de Munich, sous prétexte que cette dame, accoutumée à accaparer toute la faveur de sa jeune maîtresse, n'en laisserait plus à la nouvelle dame d'honneur, madame de Montebello, ainsi qu'aux autres dames qui composaient la maison de la nouvelle impératrice. Avec madame de Lajeski, partit aussi un petit chien qui était fort attaché à Marie-Louise, et qu'on renvoya sous prétexte que ceux de Joséphine avaient souvent paru insupportables à l'empereur.

La nouvelle impératrice marchait à petites journées, et une fête lui était préparée dans chaque ville où elle passait. A Munich, on lui remit une lettre de Napoléon, et les choses avaient été arrangées de manière que tous les matins, à son lever, un page, arrivant de Paris, lui en apportait une nouvelle. Elle y répondait avant son départ, et un page repartait pour la capitale de France avec la réponse. Ce commerce épistolaire dura pendant tout le voyage qui fut de quinze jours, et l'on remarqua que Marie-Louise lisait chaque jour, avec plus d'intérêt, les billets doux qui lui étaient remis. Elle les attendait avec impatience, et si quelque circonstance retardait l'arrivée du courrier, elle demandait, à plusieurs reprises, quel obstacle avait pu l'arrêter.

Napoléon, de son côté, brûlait du désir de voir sa jeune épouse. Sa vanité était plus flattée de ce mariage que de la conquête d'un empire ; et ce qui le charmait encore davantage, c'est qu'il savoit que Marie-Louise y avait consenti volontairement, et non en princesse qui se sacrifie à des intérêts politiques. On l'entendit plusieurs fois maudire le cérémonial et les fêtes qui retardaient une entrevue si désirée. Cette entrevue devait avoir lieu à Soissons, où un camp avait été formé pour la réception de la nouvelle impératrice. Ne pouvant modérer son impatience, l'empereur s'y rendit vingt-quatre heures avant l'arrivée de son épouse ; et dès qu'il apprit qu'elle n'en était plus qu'à dix lieues, il partit avec le roi de Naples pour aller au-devant d'elle. Les deux voitures se rencontrèrent à quatre lieues de Soissons : l'empereur descendit de la sienne ; on ouvrit la portière de celle de l'impératrice, et il s'y précipita plutôt qu'il n'y monta. Cette princesse possédait un portrait de Napoléon que lui avait remis le prince de Neufchâtel, et elle l'avait regardé si souvent, que ses traits lui étaient devenus familiers : elle le reconnut donc sans l'avoir jamais vu. Aux premiers complimens succéda un instant d'examen et de silence, que l'impératrice rompit la première d'une manière flatteuse pour l'empereur, en lui disant : Sire, votre portrait n'est point flatté. Il l'était pourtant ; mais déjà elle le voyait avec des yeux prévenus en sa faveur. Quant à Napoléon, il dit hautement à tout le monde qu'il la trouvait charmante. On ne s'arrêta que quelques instans à Soissons, où pourtant il avait été décidé qu'on coucherait, et l'on se rendit à Compiègne, où l'on arriva le soir. Peu de personnes ont pu savoir que l'empereur passa cette nuit avec sa nouvelle épouse. Peu en effet furent dans la confidence, parce que cela était contraire à l'étiquette. Du reste aucun scrupule de conscience ni de morale ne s'y opposait, puisque le mariage avait été valablement célébré à Vienne, et que la cérémonie qui devait avoir lieu à Paris, n'en était que la ratification.

Napoléon était alors âgé de quarante et un ans. Dans sa jeunesse il était fort maigre, avait le teint olivâtre, la figure longue, les yeux couverts, et portait ses cheveux coupés en oreilles de chien ; enfin l'ensemble de sa physionomie n'était rien moins qu'agréable. Les années dont chacune, à l'expiration de notre printemps, emporte avec elle quelqu'un de nos agrémens, loin de produire cet effet sur lui, n'avaient causé qu'un changement favorable. Son embonpoint faisait paraître sa figure plus arrondie et sa peau plus blanche. Ses yeux avaient pris de l'éclat, et sa physionomie de la noblesse par l'habitude du pouvoir. Il avait d'ailleurs la main, la jambe et le pied taillés sur le moule le plus parfait, et la princesse remarqua d'elle-même ce dernier avantage.

Napoléon n'avait pas toujours été aimable dans son intérieur. Il avait souvent des crises de colère et de violence que toute l'adresse de Joséphine ne pouvait modérer. Il était contrariant, aimait à mortifier; et pourtant quand il voulait dire une chose obligeante, ce qui lui arrivait rarement, personne ne s'en acquittait mieux. Quand il n'avait pas pris son parti, il écoutait volontiers les conseils, et savait parfaitement distinguer le meilleur; mais quand une fois il avait formé une résolution, le moindre obstacle l'irritait, la moindre observation le mettait en fureur; et si la contradiction devenait trop vive, il frappait du pied, se battait la tête avec le poing, et finissait même quelquefois par se rouler par terre, comme un homme privé de raison. Joséphine, souvent témoin de pareilles scènes, avait vainement employé son adresse pour les empêcher. Il paraît que devenu l'époux d'une jeune princesse, il s'appliqua à écarter de ses yeux un pareil spectacle; car les personnes attachées à l'impératrice n'en virent jamais un seul exemple tant que dura leur service. Mais il n'en continua pas moins à se livrer à ses emportemens, hors de sa présence; et c'était souvent en les frappant du poing ou du pied qu'il répondait aux observations de ses ministres et de ses conseillers.

CHAPITRE III.

Le jeune Napoléon, ci-devant roi de Rome, maintenant *duc de Reichstadt*.

§. Ier. *Accouchement de l'Impératrice Marie-Louise.*

Nos lecteurs n'apprendront pas sans intérêt quelques détails sur le jeune Napoléon. L'enfance a le droit de réveiller des sentimens doux, et sa situation, aux premiers défilés de la vie, excite je ne sais quelle tendre anxiété mélangée d'espérance et de crainte, et qui n'est point sans charmes. Toutes ces affections redoublent, s'il s'agit du fils d'un homme qui, pour être le plus extraordinaire de son siècle, n'avait pas besoin d'être roi. On veut, en épiant ses premiers pas, se convaincre que l'enfant d'un homme de génie ne sera point un sot.

Vers l'époque de la grossesse de l'impératrice et au moment de son accouchement, on répandit les bruits les plus absurdes. Les uns prétendirent que l'impératrice n'avait jamais été enceinte, et que son accouchement n'était qu'une comédie jouée pour fournir à Napoléon le moyen d'adopter un de ses enfans naturels. Les autres dirent qu'elle était accouchée d'une fille, d'un enfant mort, et qu'on y avait substitué un autre enfant. Tous ces bruits aussi ridicules qu'invraisemblables n'avaient pas le plus léger fondement, et l'on peut regarder comme certain et authentique le récit qui va suivre.

Il était sept heures du soir, quand l'impératrice sentit les premières douleurs de l'accouchement. On manda Dubois chirurgien accoucheur, qui depuis ce moment ne la quitta plus. Elle passa toute la nuit dans les souffrances, ayant auprès d'elle madame de Montebello, madame de Luçay, madame de Montesquiou nommée gouvernante de l'enfant qui allait naître, deux premières dames, mesdames Durand et Balland, deux femmes de chambre et sa garde, madame Blaise. L'empereur, sa mère, ses sœurs, et MM. Corvisart et Bourdier étaient dans un sallon voisin, et entraient fréquemment dans la chambre, en observant le plus profond silence, pour avoir des nouvelles de l'impératrice. Les douleurs qui avaient été faibles pendant toute la nuit, se calmèrent tout-à-fait à cinq heures du matin. Dubois ne voyant rien qui annonçât un accouchement très-prochain, le dit à l'empereur qui renvoya tout le monde et alla lui même se mettre au bain. Il ne resta dans la chambre de l'impératrice que Dubois et les dames que j'ai nommées. Les autres femmes attachées à son service intérieur étaient réunies dans son cabinet de toilette.

L'impératrice accablée de fatigues, dormit environ une heure, de vives douleurs l'éveillèrent : elles augmentèrent toujours, sans amener la crise exigée par la nature; et Dubois acquit la triste certitude que l'accouchement serait difficile et dangereux. Il alla trouver l'empereur qui était encore au bain, le pria de venir décider par sa présence l'impératrice à souffrir avec courage, et ne lui cacha point qu'il craignait de ne pouvoir sauver en même-temps la mère et l'enfant. Ne pensez qu'à la mère, s'écria vivement Napoléon, donnez-lui tous vos soins. On a prétendu que Dubois lui avait demandé s'il devait sauver la mère ou l'enfant, et que l'empereur lui avait répondu : vous ne devez pas me faire cette question : agissez comme vous le devez, comme vous le feriez pour la femme d'un bourgeois de la rue St. Denis. Cette version est inexacte, et celle que je viens de donner, est la seule véritable. Je la tiens de M. Dubois lui-même.

Napoléon permit à peine qu'on l'essuyât, et courut chez l'impératrice, après avoir donné ordre qu'on avertît tous ceux qui devaient s'y trouver. Il l'embrassa tendrement et l'exhorta au courage et à la patience. Corvisart et Bourdier médecins et Yvan chirurgien, arrivèrent en ce moment et tinrent Marie - Louise. L'enfant naquit par les pieds, et Dubois fut obligé de recourir aux fers pour lui dégager la tête. Le travail dura vingt-six minutes, et fut très-douloureux. L'empereur n'y put rester plus de cinq minutes. Il lâcha la main de l'impératrice qu'il tenait entre les siennes, et se retira dans le cabinet de toilette, pâle comme la mort, et paraissant hors de lui (1). Presqu'à chaque minute, il envoyait une des femmes qui s'y trouvaient, pour lui rapporter des nouvelles. Enfin l'enfant naquit, et dès qu'il en fut instruit, il vola près de son épouse, et la serra de nouveau dans ses bras. On fit entrer Cambacérès qui, comme archichancelier de l'empire, devait constater la naissance et le sexe de l'enfant. Le prince de Neufchâtel, quoique sans titre pour s'y trouver, l'y suivit, poussé par son zèle et son attachement. L'enfant resta sept minutes sans donner aucun signe de vie, et sa figure était presqu'aussi noire qu'un chapeau.

Napoléon jeta les yeux sur lui un instant, le crut mort, ne prononça pas une parole à ce sujet, et ne s'occupa que de l'impératrice. On souffla quel-

---

(1) Voilà l'homme que les Gallais, les B***, les M. B., les M. et autres libellistes représentent comme de marbre, avec des entrailles de bronze ! Mais cette sensibilité apparente n'est peut-être que l'ambition qui pâtit.

ques goutes d'eau-de-vie dans la bouche de l'enfant; on le frappa légérement du plat de la main sur tout le corps; on le couvrit de serviettes chaudes. Enfin il poussa un cri, et l'empereur vint embrasser ce fils dont la naissance était pour lui le comble du bonheur, et le dernier bienfait de la fortune qui ne devait pas tarder à l'abandonner.

Cette scène se passait en présence de vingt-deux personnes, qu'il est à propos de nommer ici pour mieux constater l'authenticité des détails dans lesquels je viens d'entrer. C'étaient l'empereur, Dubois, Corvisart, Bourdier et Yvan; mesdames de Montebello, de Luçay, de Montesquiou; les six premières dames, mesdames Durand, Ballant, Deschamps, Hureau, Rebusson et Gérard; cinq femmes de chambre, mesdemoiselles Honoré, Barbier, Edouard, Aubert et Geoffroi; la garde, madame Blaise, et deux filles de garde-robe. Je ne parle point du prince Cambacérès, ni du prince de Neufchâtel, parce qu'ils n'entrèrent qu'après la naissance de l'enfant. Cette circonstance démontre l'absurdité de la fable d'une supposition d'enfant. Ce n'est pas en présence de témoins si nombreux qu'elle pouvait avoir lieu, et il faut encore faire attention que, d'un côté, le cabinet de toilette était rempli de toutes les personnes subalternes attachées au service de Marie-Louise, et que, de l'autre, plusieurs salons étaient occupés par une foule d'hommes et de femmes de la cour qui attendaient avec impatience la nouvelle de l'événement important qui se préparait.

§. 2. *Supposition d'enfant*, ou *le faux* Napoléon.

Extrait d'une lettre de Bamberg.

3 juin 1815.

« Les dernières gazettes vous ont appris la maladie du prince de Neufchâtel ; celles-ci, plus étonnantes, vous apprendront le genre de sa mort. Il était agité par une fièvre qui, jusqu'alors, n'avait montré aucun caractère alarmant. Avant-hier le bruit du tambour se fait entendre, et au mouvement de la marche qu'il bat, le prince témoigne le désir de se mettre à la fenêtre. Il s'y présente en effet ; un régiment passe ; il en salue quelques officiers, et à la vue du drapeau, qui de loin semblait lui avoir inspiré beaucoup de joie, il pâlit sensiblement, se retira un moment dans le fond de la chambre, et se jette dans un fauteuil. En ce moment, un domestique s'approcha et demanda au prince s'il se trouvait mal. Pour réponse, il se mit à pleurer, rougit beaucoup, et courut tout d'un temps à la fenétre où le domestique le suivit avec rapidité. Ce dernier arrivait à peine, que déjà le prince élancé, sans qu'on put seulement s'en douter, s'était précipité. Aux cris du domestique, on accourt, on entoure le prince qui respirait encore, mais qui ne parla point, et qui expira dans les bras de ceux qui le transportaient.

» Maintenant, quelle est la cause de cette catastrophe ? Il y a plusieurs versions. La fièvre chaude, le délire auxquels on l'attribue, ne sont eux-mêmes que des effets : où remonter pour démêler la cause du délire et de la fièvre chaude ! Parmi les bruits qui circulent, j'en choisis un qui peut n'être pas le plus vrai, mais qui a droit au moins d'exciter le plus de curiosité et même le plus d'intérêt.

» On avait remarqué que, depuis la restauration, l'aspect d'un drapeau excitait, dans le prince de Neufchâtel, une sorte de trouble qui se manifestait par l'expression de sa physionomie; et voici comment l'on explique cette singularité.

» Les derniers jours de la grossesse de l'impératrice Marie-Louise n'avaient pas été tranquilles ; elle avait eu avec son auguste et très-irascible époux une discussion qui avait dégénéré en querelle : de-là, une couche laborieuse et un enfantement si pénible, que l'on avait été obligé d'employer les ferremens. Dubois (1), avec sa franchise presque germanique, avait dit à l'empereur qu'il lui fallait choisir entre la mère et l'enfant ; et Napoléon avait répondu : Sauvez la mère ! on se passera, pour cette fois du marmot, *ou on trouvera à le remplacer* : ce qui pouvait s'entendre d'un frère que les époux royaux étaient en effet bien en état de donner au défunt. Vous allez voir cependant que tel n'était pas le sens de ces dernières paroles.

» Les grandes douleurs arrivent ; Marie-Louise s'évanouit, et la crise ne s'opère point. L'enfant présentait les pieds ; et comme la tête était énorme, l'extraction fut violente. Il était noir et bigarré de meurtrissures. On l'avait posé sur les bras d'une dame Blaise, garde-malade, qui, après l'avoir enveloppé de serviettes imbibées de vieille eau-de-vie, avait prononcé qu'il était mort. Ce propos fut entendu de douze à quinze personnes qui étaient dans l'appartement. L'empereur se releva vivement, saisissant l'enfant avec brusquerie, il le mit, ou pour mieux dire, il le jeta dans le tablier d'une des femmes de l'impératrice, qui l'en couvrit aussitôt. En ce moment, les battans s'ouvrirent,

---

(1) Ce chirurgien célèbre s'explique maintenant avec plus de réserve à ce sujet.

et l'on annonça *S. A. S. Mgr. l'archichance-lier*, qui venait constater la naissance et le sexe de l'enfant. Quoique ce grand dignitaire dût être seul, ou simplement suivi du comte Regnault (de Saint-Jean-d'Angely), qui, en qualité de secrétaire de l'état civil de la famille impériale, devait minuter et enregistrer cet acte important, on remarqua que le prince de Neufchâtel entra avec lui. Ce prince qui, par attachement pour l'empereur, avait passé la nuit sur un fauteuil dans un salon voisin, était enveloppé d'un ample manteau. Napoléon fit quelques pas au-devant de son ami, et lui dit, moitié gaiement, moitié avec mystère : J'accepte vos félicitations, Neufchâtel, quoique je les mérite peu, à ce qu'on dit ; car on assure que l'enfant est mort. Le prince fit un pas en arrière et un geste d'étonnement ; Cambacérès, par un demi-tour à gauche, se plaça de manière à ce qu'il couvrit de son ombre la femme qui tenait l'enfant couvert de son tablier. Dans cette situation, le prince de Neufchâtel s'étant approché de cette femme, souleva le tablier, se courba lentement, et déploya, du bras droit, une portion de son manteau. Au même moment, on entendit un petit cri sortir du tablier, et la femme déclara que c'était celui du nouveau né, dans la bouche duquel elle avait fait passer quelques gouttes d'eau-de-vie réchauffée dans la sienne. Un second cri excita un grand mouvement dans toute l'assistance. L'archichancelier fit volte-face, l'empereur accourut et embrassa son fils, et le prince de Neufchâtel replaça son bras droit sous son manteau drapé. Cambacérès s'approcha de l'enfant, dont il examina gravement le sexe; et tandis que Napoléon riait publiquement et d'autres plus discrètement de cet examen, M. de Neufchâtel sortit. Il ne s'arrêta pas dans le salon où il avait reposé; mais ayant trouvé, dans une antichambre prochaine, un homme qui semblait l'y attendre, ils sortirent ensemble, et, au lieu de monter dans la voiture du prince qui l'attendait dans le Carousel, ils gagnèrent un des guichets du Louvre, où ils se séparèrent. Le prince revint à pied aux Tuileries, et ne rentra au château qu'après avoir fait le tour de la terrasse pour connaître l'esprit de la multitude qui la couvrait. Depuis l'on a su que cet homme, alors porte-aigle dans un des régimens de la garde, avait reçu un avancement rapide, quoiqu'on ne lui connût d'autre mérite qu'un dévouement servile au prince de Neufchâtel et une discrétion à toute épreuve.

» Vous devinez maintenant le mot de toutes

ces énigmes : l'enfant était mort quand il vint au monde; la garde-malade B***, maladroite et ignorante, avait révélé publiquement un secret dont on se doutait, mais qui n'était point constaté. Le prince de Neufchâtel, instruit d'avance par l'empereur de la mort de l'enfant, avait chargé son affidé de lui trouver un remplaçant, et ce dernier, si l'on en croit certaines conjectures, aurait présenté son propre fils, né quelques jours auparavant. C'est ce qui expliquerait la grosseur démesurée et la force extraordinaire du prétendu Napoléon. Ce mystère, renfermé entre trois personnes, l'empereur, le prince et le porte-aigle, peut-être même plus deviné que bien connu de celui-ci, aurait été impénétrable, sans les événemens de la restauration. A cette époque, le prince de Neufchâtel, devenu gendre du prince Guillaume de Bavière, et vivement sollicité par sa femme, s'était brouillé avec Napoléon, auquel vainement il avait demandé la paix; voilà pourquoi, contre son inclination ancienne et naturelle, il s'était montré partisan de la révolution du 30 mars, et avait, le premier des maréchaux, prêté serment à Louis XVIII. Au retour de l'Empereur, il avait suivi le Roi à Gand; et là même avait commencé, dans l'ame du prince, ces combats que deux devoirs opposés se livraient entre eux, ou qu'un seul devoir livrait à un attachement passionné. On a ajouté que le porte-aigle, devenu colonel, indigné de ce qu'il regardait, dans le prince de Neufchâtel, comme une trahison infâme, l'avait, par une lettre foudroyante, menacé de divulguer leur redoutable secret. Si, comme on se le dit ici à l'oreille, la lettre a été trouvée après la mort du prince, elle explique sa mélancolie, sa maladie, ses terreurs, son délire, redoublé à la vue d'un drapeau, et terminé par une mort déplorable. Vous comprenez néanmoins, qu'en vous mandant tout ceci, je ne garantis rien : tant de gens ont calomnié Napoléon, tant de partis étaient intéressés à le perdre, et ils le sont tant encore à diffamer son fils, qu'avant de prononcer sur l'événement qui semble avoir décidé du sort de cet enfant, il faudrait autres choses que des propos de ville et des confidences de salon. En attendant les preuves juridiques, qui manqueront toujours, il en sera de ce secret, comme de celui de l'Homme au Masque de Fer, sur lequel vingt-deux auteurs ont radoté, tandis que deux seulement ont fait pressentir la vérité, et qu'un seul l'a osé dire (1). »

---

(1) Voyez la *Dissertation critique* qui précède l'*Homme au Masque de Fer*, roman historique de M. Regnault de Warin, duquel la quatrième édition se vend à Paris, chez Plancher.

§. 3. *Naissance du jeune* Napoléon. —
Sa nourrice.

Tout Paris savait que l'impératrice était en travail : or, dès six heures du matin , le jardin des Tuileries était rempli d'une foule de personnes de tout âge et de toutes conditions. On était averti que vingt-un coup de canon devaient annoncer la naissance d'une princesse , et qu'il en serait tiré cent un pour célébrer celle de l'héritier du trône. Dès que le premier coup se fit entendre , cette multitude, l'instant d'auparavant bruyante et tumultueuse , observa le plus profond silence. Il n'était rompu que par ceux qui comptaient le nombre des coups, en prononçant à demi-voix : un , deux , trois. ... Mais au vingt-deuxième , l'enthousiasme éclata de toutes parts , et les cris de joie partis du jardin des Tuileries, contribuèrent, autant que le bruit du canon , à porter cette nouvelle dans les autres quartiers de Paris. Napoléon, placé derrière un rideau à une des croisées de la chambre de l'impératrice , jouissait du spectacle de cette ivresse générale, et en paraissait attendri. Ce n'était pourtant pas lui personnellement qui excitait ces transports d'allégresse : il a toujours inspiré plus d'admiration que d'amour; mais on regardait l'enfant qui venait de naître comme un gage de paix et de bonheur pour la France. On était loin de se douter que Napoléon immolerait à sa fureur guerrière sa propre gloire, le repos de sa patrie et les destinées de son fils.

Le jeune enfant fut confié à une nourrice, d'une constitution saine et robuste, prise dans la classe du peuple. Elle ne pouvait ni sortir du palais, ni recevoir aucun homme. Les précautions les plus sévères avaient été prises à cet égard. On lui faisait faire pour sa santé des promenades en voiture, et jamais sans qu'elle fût accompagnée de quelques femmes.

§. 4. Madame de Montesquiou, *gouvernante du jeune Napoléon.*

J'ai déjà dit que la comtesse de Montesquiou, dont le mari était grand-chambellan, avait été nommée gouvernante du jeune Napoléon. Il aurait été difficile de faire un meilleur choix. Cette dame, née d'une famille illustre, avait reçu une excellente éducation. Elle joignait le ton du monde à une piété solide et trop éclairée pour donner dans la bigoterie. Sa conduite avait toujours été si régulière, que la calomnie n'avait jamais osé diriger une attaque contre elle. On lui reprochait un peu de hauteur, mais elle était tempérée par la politesse et par l'obligeance la plus gracieuse. Elle prit du jeune prince les soins les plus tendres et les plus assidus; et rien n'est plus noble et plus généreux que le dévouement qui la porta ensuite à s'arracher à sa patrie, à ses amis, à sa famille, pour suivre le sort d'un enfant dont toutes les espérances venaient d'être anéanties. Elle n'en recueillit pourtant que des chagrins amers et d'injustes persécutions.

§. 5. *Education du* (ci-devant) *Roi de Rome, aujourd'hui* duc de Reichstadt.

Les Français aiment la dignité dans leur monarque, la grace et l'affabilité dans leur souveraine. Ces heureuses qualités firent régner Joséphine sur tous les cœurs; des qualités contraires semblèrent en exclure Marie-Louise. Jamais pourtant on ne lui parla d'un malheureux sans qu'il éprouvât sur-le-champ les effets de sa générosité. Le premier mouvement de cette princesse partait toujours de son propre cœur : c'étaient la bonté, la sensibilité qui le dirigeaient. Il n'en était pas de même du second : il était froid, inquiet, méfiant; on y reconnaissait l'esprit de madame L—M : devant elle l'impératrice semblait rougir d'être compâtissante et généreuse; et si elle voulait faire un cadeau à quelqu'une des dames de sa maison, elle avait toujours soin de choisir un moment d'absence de la duchesse. Celle-ci, envieuse et intéressée, semblait regarder tout présent fait à une autre comme un vol fait à elle-même.

La froideur de l'impératrice, hors de sa société intime, était tellement connue, qu'on lui reprochait même de l'étendre jusqu'à son fils. Ce n'était pourtant pas défaut d'affection, c'était plutôt l'excès de ce sentiment. N'ayant jamais vu d'enfant, elle n'osait ni le prendre, ni le caresser, tant elle craignait de lui faire mal. Aussi conçut-il plus d'affection pour sa gouvernante que pour sa mère, ce dont Marie-Louise ne laissait pas d'être un peu jalouse. L'empereur, au contraire, le prenait dans ses bras toutes les fois qu'il le voyait, le caressait, le contrariait, le portait devant une glace et lui faisait des grimaces de toute espèce. Lorsqu'il déjeûnait, il le mettait sur ses genoux, trempait un doigt dans la sauce, le lui faisait sucer, et lui en barbouillait le visage. La gouvernante grondait, l'empereur riait, et l'enfant, presque toujours de bonne humeur, paraissait recevoir avec plaisir les bruyantes caresses de son père.

Avant l'âge de deux ans, il assistait régulièrement au déjeûner de Napoléon où l'impératrice se rendait aussi. Jusqu'au moment des couches de Marie-Louise, ils avaient toujours déjeûné ensemble à une heure à peu près fixe ; mais, à cette époque, l'empereur reprit ses anciennes habitudes. Il mangeait quand il avait faim, ou quand ses occupations le lui permettaient, et il avait exigé que l'impératrice continuât de déjeûner à son heure ordinaire.

Dès que le jeune Napoléon sut parler, il devint, comme presque tous les enfans, grand questionneur. Il aimait beaucoup à voir le peuple qui se promenait dans le jardin des Thuileries, et qui s'amussait souvent sous ses fenêtres pour le voir. Il ne tarda pas à remarquer que beaucoup de personnes entraient dans le château avec de grands rouleaux de papiers sous le bras. Il demanda à sa gouvernante ce que cela signifiait. Elle lui dit que c'étaient des gens infortunés qui venaient demander quelque grace à son papa. Depuis ce temps, chaque fois qu'il voyait passer une pétition, il criait, pleurait, et n'avait point de repos qu'on ne la lui eût apportée; et il ne manquait jamais de présenter chaque jour à son père, au déjeûner, toutes celles qu'il avait recueillies ainsi la veille. On juge bien que lorsque cette habitude fut connue du public, on ne laissa pas manquer l'enfant de pétitions.

Il vit un jour sous ses fenêtres une femme en deuil qui tenait par la main un petit garçon de trois à quatre ans aussi en deuil. Celui-ci tenait en main une pétition qu'il montrait de loin au jeune prince. L'enfant voulut savoir pourquoi ce *pauvre petit* était habillé tout en noir. Sa gouvernante lui répondit que c'était sans doute par ce que son papa était mort. Il témoigna un grand désir de lui parler : madame de Montesquiou, qui saisissait toutes les occasions de développer la sensibilité de son élève, y consentit, et donna ordre qu'on fît monter la mère et l'enfant. C'était une veuve, dont le mari avait été tué à l'armée, qui se trouvait sans ressources et qui sollicitait une pension. Le jeune Napoléon prit la pétition et promit de la remettre à son papa. Le lendemain, il fit son paquet ordinaire, mais il garda séparément celle à laquelle il prenait un intérêt particulier; et après avoir remis à l'empereur les autres pétitions en masse, suivant sa coutume : Papa, lui dit-il, voici la pétition d'un petit garçon bien malheureux. Tu es cause que son papa est mort : il n'a plus rien; donne lui une pension; je t'en prie ! Napoléon prit son fils dans ses bras, l'embrassa tendrement, accorda la pension et en fit expédier le brevet dans la journée. Ce fut ainsi qu'un enfant qui n'avait encore que trois ans eut déjà le bonheur de sécher les larmes d'une famille.

Il est de toute fausseté qu'on ait jamais employé à son égard le châtiment des verges. Madame de Montesquiou employait des moyens plus sages et plus utiles pour le corriger de ses défauts. Il était généralement doux et docile et écoutait assez le langage de la raison; mais il était formé du sang de Napoléon, il était, comme lui, vif et impétueux et se livrait déjà quelquefois à des accès de colère. Un jour qu'il se roulait à terre en poussant de grands cris, sans vouloir écouter ce que lui disait sa gouvernante, celle-ci ferma les fenêtres et les contre-vents. L'enfant étonné se releva aussitôt, oublia ce qui l'avait contrarié, et lui demanda pourquoi elle agissait ainsi. C'est de peur qu'on ne vous entende, répondit-elle : croyez-vous que les Français voudraient d'un prince comme vous, s'ils s'avaient que vous vous mettez ainsi en colère? — Crois-tu qu'on m'ait entendu? s'écria-t-il, j'en serais bien fâché. Pardon, *maman Quiou* (c'est ainsi qu'il l'appelait), je ne le ferai plus. C'est ainsi que cette femme spirituelle inspirait au jeune prince cette crainte du blâme, ce respect pour l'opinion publique, si nécessaire dans toutes les classes, et cherchait à tirer parti des heureuses dispositions qu'il avait reçues de la nature.

§. 6. *Prière du* Roi de Rome.

Madame de Montesquiou, qui cherchait à donner de bonne heure à son auguste élève les principes de piété qui la distinguaient elle-même, l'avait habitué à prier Dieu matin et soir. Depuis les désastres éprouvés en Russie, elle avait ajouté ces mots aux prières enfantines du Roi de Rome : « Mon Dieu, inspire à papa le désir de

» faire la paix pour l'honneur de la France et le
» bonheur de nous tous. » Napoléon se trouvait
un soir dans les appartemens de son fils à l'heure
de sa prière. Madame de Montesquiou n'y changea rien, et l'Empereur entendit l'enfant répéter les mots que nous venons de citer. Il sourit,
et ne fit aucune réflexion à ce sujet. Il connaissait les sentimens de la gouvernante : elle avait
déjà eu le courage de lui dire ce que ses flatteurs
cherchaient à lui cacher, c'est-à-dire combien
la France désirait la paix, et combien elle en
avait besoin. Napoléon l'écoutait tranquillement,
lui disait qu'il voulait la faire, et changeait de
conversation.

§. 7. *Départ du jeune* Napoléon.

Je ne puis m'empêcher de consigner ici une
anecdote que bien des gens trouveront, sans
doute, puérile, mais qui ne laisse pas d'être
remarquable. Dans la nuit du 28 au 29 mars,
au moment de monter en voiture, le jeune Napoléon, qui était cependant accoutumé à faire
de fréquens voyages à Saint-Cloud, à Compiègne,
à Fontainebleau, ne voulait pas quitter sa
chambre, poussait de grands cris, se roulait
par terre, et disait qu'il voulait rester à Paris.
Sa gouvernante fit de vains efforts pour le décider à la suivre ; il fallut employer la force pour
le porter dans une voiture.

MÉMOIRES

POUR SERVIR A LA VIE

D'UN HOMME CÉLÈBRE.

NAPOLÉON DANS SA VIE PRIVÉE.

CHAPITRE PREMIER.

INTÉRIEUR DE LA COUR DE NAPOLÉON.

Napoléon dans les camps ne craignait aucune fatigue, bravait les plus mauvais temps, couchait sous une mauvaise tente, et semblait oublier tous les soins de sa personne. Dans son palais, il se baignait tous les jours, se frottait tout le corps d'eau de Cologne, et changeait souvent de linge plusieurs fois dans la journée. Son costume de prédilection était celui de la garde nationale. Dans ses voyages, tout logement lui semblait bon, pourvu que le moindre jour ne pût pénétrer dans sa chambre à coucher. Il n'y supportait pas même une veilleuse. Sa table était chargée des mets les plus recherchés; mais il n'y touchait jamais. Une poitrine de mouton grillée, des côtelettes, un poulet rôti, des lentilles ou des haricots, étaient ce qu'il mangeait de préférence. Il était difficile sur la qualité du pain, et il ne buvait que le meilleur vin, mais en petite quantité. On a prétendu qu'il prenait huit, dix, jusqu'à douze tasses de café; c'est une fable à reléguer avec tant d'autres. Il n'en prenait qu'une demi-tasse après son déjeûner, autant après avoir dîné. Il est vrai pourtant qu'il était tellement distrait et préoccupé, qu'il lui est arrivé plus d'une fois de demander son café immédiatement après l'avoir bu, et de soutenir qu'il n'en avait pas pris. Le contraire en cela, quoique par la même cause, du cardinal Dubois dont un chien avait escamoté le souper, consistant en une volaille froide, et auquel un valet de-chambre dit, en lui en exhibant les débris, que c'était lui qui l'avait mangé.

L'empereur mangeait très-vîte, et se levait de table dès qu'il avait fini, sans s'inquiéter si ceux qui y étaient admis avaient eu le temps d'en faire autant. On a prétendu qu'il prenait les plus grandes précautions pour ne pas être empoisonné. Nouvelle erreur ou nouveau mensonge. Peut-être n'en prenait-il pas assez. Tous les matins on apportait son déjeûner dans une antichambre, où étaient admis indifféremment tous ceux qui avaient obtenu de lui un rendez-vous, et qui y attendaient quelquefois des journées entières. Les plats y restaient souvent déposés plusieurs heures, en attendant qu'il donnât l'ordre de les servir. Le dîner était apporté par des valets de pied qui se passaient les plats de main en main, et de salle en salle. Rien au monde n'eût été plus facile que d'y glisser du poison, si l'on en eût eu l'intention.

Voici, à ce sujet, une anecdote qu'on altéra dans le temps, mais que la personne qui écrit ces Mémoires, et sous les yeux de laquelle elle se passa, peut rétablir dans son intégrité. Bonaparte, premier consul, sortait de son cabinet particulier, une prise de tabac dans ses doigts, et cette prise, il venait de la puiser dans une boîte placée à demeure sur son bureau. Il faut remarquer que sur les cheminées et quelques consoles des sallons adjacens, il y avait aussi plusieurs boîtes à tabac placées pour sa plus grande commodité. Après quelques tours dans une première salle, il passe dans la seconde, où machinalement ses pas se portent vers une table où était une boîte. En ouvrant cette dernière, il paraît étonné, effrayé même : il s'arrête, referme vivement la boîte et franchit en courant l'intervalle qui le sépare de son cabinet. Là se trouvait une boîte parfaitement semblable. Il ne faut pas ajouter que celle du salon était empoisonnée. Depuis ce temps, cet usage des boîtes ambulantes cessa d'avoir lieu ; et Bonaparte ou prit du tabac dans le coin de son gilet, ou d'une boîte que lui offrait, à chaque minute, le chambellan de service.

Tant qu'il ne fut que premier consul, il admettait souvent à sa table des littérateurs, des savans et des artistes. A sa campagne, il jouait avec eux à différens jeux d'exercice, notamment aux barres, exercice de jeunesse dont il avait conservé le goût, sans doute parce que c'est une image de la guerre. Quand il fut revêtu de la dignité impériale, il crut que le *decorum* lui défendait d'agir de même, et il ne se permit plus que l'exercice du cheval qu'il aimait beaucoup, quoiqu'il fît des chutes fréquentes. Il en fit une un jour à Trianon, en s'amusant à poursuivre Marie-Louise dans un parterre planté d'arbustes. Il se releva à l'instant, se remit en selle, en riant comme un fou, et continua de courir, en criant : *Casse-cou !*

On voit qu'il avait ses momens de gaîté ; mais elle se manifestait d'une manière singulière : c'était en tirant les oreilles, en pinçant les joues et les bras des personnes qu'il affectionnait ; c'était quelquefois même en leur donnant de petits soufflets. Don Juan Escoïquitz, archidiacre de Tolède, gouverneur du prince des Asturies, en reçut je ne sais combien, à Bayonne, où il avait amené son auguste élève. C'était encore ainsi que Napoléon en agissait souvent avec D****, B*******, S*****, et quelques-uns de ses aides-de-camp, leur donnant en même temps les épithètes de *grosse bête*, de *butor* : le tout par plaisanterie. Ce genre de familiarité paraissait fort étrange à Marie-Louise, et plus encore quand elle-même en était l'objet. Napoléon venait souvent à sa toilette, et n'y manquait presque jamais de lui donner quelqu'une de ces marques d'amitié. Il arriva un jour qu'il la pinça un peu plus fort qu'il n'en avait probablement l'intention : elle se leva en poussant un grand cri. Napoléon, sans se déconcerter, lui pinça légèrement l'autre bras, l'appela grosse bête, la prit dans ses bras, l'embrassa trois à quatre fois, et la paix fut scellée. Madame de Montebello était presque la seule personne de la cour qui osât le repousser d'un air d'humeur, quand il voulait se permettre avec elle de semblables plaisanteries.

Un grand plaisir de Napoléon était d'embarrasser ceux avec lesquels il causait, et de leur adresser des questions captieuses pour les mettre en défaut. Cela lui était d'autant plus facile, qu'il a des connaissances superficielles en tout genre : il n'existe peut-être aucun art, aucune science, aucun métier même dont il ne puisse parler, et dont il ne connaisse quelque terme technique. Il a cela de commun, ainsi que tant d'autres choses plus importantes, avec Frédéric II, qui pouvait parler de tout, en parlait bien et ne haïssait pas d'inquiéter, plus encore que d'étonner sur les détails de leur profession même, ceux qu'il honorait de sa conversation et de ses insolences. Quand, à son exemple, Napoléon pouvait se montrer plus savant que celui qu'il interrogeait, c'était un triomphe dont il ne manquait pas de se prévaloir assez petitement, selon nous ; et pour se le procurer souvent, autre petitesse, il abusait sans pitié de l'embarras et de la timidité que sa présence faisait naître. En voici un exemple, entre mille. Peu de temps après la promulgation du Code qui porte son nom, il signait le contrat de mariage de la fille du docteur Boyer, son premier chirurgien. Ce contrat est sans doute fait suivant la coutume de Paris? dit l'empereur au notaire qui le lui présentait. Non, sire, répondit l'officier public qui devina le piége, il est fait suivant le Code Napoléon. C'est que ce Code abrogeant la coutume, l'empereur n'eût pas manqué d'adresser au notaire de vifs reproches, s'il eût suivi l'ancienne coutume, en négligeant le nouveau Code.

Voici pourtant un trait bien différent de celui-ci, et qui empêche de tirer une conclusion universellement défavorable à cet homme extraordinaire. Dans le temps qu'il n'était que général, un jeune homme arrive dans sa loge, dont le devant était occupé par une dame qu'il ne connaissait pas. C'était au théâtre Feydeau. Après les cérémonies d'usage, le jeune homme assis près de la dame, à laquelle il trouvait des grâces infinies, amorce la conversation, en parlant de la salle, des acteurs, de la pièce, de la musique. Sur les premiers articles, réserve assez grande, sécheresse même de la part de la dame; sur le dernier, elle montre un goût exquis et des connaissances variées. La toile se lève, et l'on joue le premier acte. Le jeune homme avance une opinion que la dame combat avec autant de politesse que de fermeté. Dans l'intervalle, cependant, un homme, d'assez mauvaise mine, était survenu dans la loge; et après avoir commencé à écouter la conversation, il y prend part. Chose remarquable! il partage en tout l'avis du jeune homme, qu'il comble d'égards, et combat avec beaucoup de familiarité, même une certaine rudesse, celui de la dame, en faveur de laquelle le jeune homme, mécontent de ce ton, commence à prendre parti. Les choses en étaient là, lorsqu'un militaire, en habit d'aide-de-camp, est introduit dans la loge, où il reconnaît et nomme le général Bonaparte. La dame était son épouse. Tout confus, le jeune homme voulait sortir, après avoir supplié l'un et l'autre d'agréer ses excuses. Madame Bonaparte prétendit gaîment qu'il en devait, non à elle, dont il était très-permis de ne partager ni le goût ni les opinions, mais à Méhul ou à Chérubini, dont le jeune amateur n'admirait pas exclusivement toutes les productions. Quant au général, il dit ce mot remarquable : En fait de discipline et de gouvernement, point d'opposition ; elle tue : en fait de sciences et d'arts, elle donne la vie.

C'est ici l'occasion de rapporter un trait de bienfaisance de ce Napoléon, qui n'était pas toujours terrible. Étant à la chasse dans la forêt de Compiégne, il était descendu de cheval, et sé promenait accompagné seulement de Caulaincourt. Il rencontra deux bûcherons qui, fatigués de leur travail, se reposaient un instant assis sur un tronc d'arbre. Ils avaient servi dans les troupes françaises qui avaient fait la guerre en Égypte. L'un des deux reconnut l'empereur et se leva aussitôt. Caulaincourt voulut faire lever l'autre. Non, dit Napoléon, non; ne voyez-vous pas qu'ils sont fatigués? Il fit rasseoir celui qui était debout, s'assit lui-même quelques instans sur le même tronc d'arbre, causa avec eux de l'expédition d'Égypte et de leurs affaires particulières, et ayant appris que l'un d'eux n'avait pas obtenu de pension de retraite, il la lui accorda, et donna dix napoléons à chacun, en les quittant.

A ce trait de bienfaisance, j'en ferai succéder un de bonne humeur : il est raconté par M. Cadet-Gassicourt, dans son piquant Voyage de Moravie; mais comme j'en fus témoin, j'y ajouterai quelques particularités échappées à l'intéressant narrateur.

Un célèbre mécanicien, nommé Kempelé, devait présenter à l'empereur un bras artificiel, avec lequel un militaire amputé peut exécuter tous les mouvemens d'un bras naturel. Il devait montrer aussi un joueur d'échecs, automate. Cette pièce était montée dans les appartemens du prince de Neufchâtel. Napoléon examina d'abord les inventions utiles de Kempelé, et à l'occasion de son bras artificiel, il lui parla d'une main mécanique, inventée par un artiste nommé Laurent, auquel l'abbé Delille adressa, dans le temps, une épître *in genere laudativo*. Cette main n'était qu'un perfectionnement d'une autre main aussi mécanique, par laquelle on avait remplacé, ou du moins suppléé celle que la Vrillière, dit *le petit-saint* (Saint-Florentin), avait perdue à la chasse, par l'explosion d'un fusil. Comme Napoléon sait un peu de tout, et de certaines choses beaucoup, il parla machines, mécanique et artifice, de manière à étonner le mécanicien lui-même. Pourtant, en analysant les diverses parties de la main, il se servait des mots *tarse* et *métatarse* assez emphatiquement pour émerveiller ses auditeurs, et assez malheureusement pour faire sourire deux jeunes chirurgiens cachés dans l'embrasure d'une fenêtre. Napoléon ayant remarqué leur petit ricanement dédaigneux, fixa ses regards sur l'un d'eux, moins pour lui demander quelque lumière, que pour lui commander de l'attention. Mais le jeune homme se méprenant, et répondant à sa propre pensée plus qu'à celle de l'empereur : Cette explication serait satisfaisante, dit-il à haute voix, si votre majesté ne prenait le pied pour la main. En effet, c'est du *carpe* et du *métacarpe* que l'empereur voulait parler. Il le sentit, rougit subitement, et faisant un mouvement d'impatience qui rompait l'entretien, il marcha vers l'automate, qu'il salua et auquel il dit: Allons, camarade, à nous deux! Les échecs étaient disposés. L'automate incline la tête, et fait signe à l'empereur pour l'inviter à jouer le premier. La partie s'engage : après quelques coups, l'empereur pose exprès une pièce à faux ; l'automate salue, reprend la pièce et la remet à sa place. Napoléon triche une seconde fois, l'automate confisque la pièce. *C'est juste*, dit l'empereur; et il triche une troisième fois. Le joueur machine secoue la tête; et passant la main sur l'échiquier, renverse toutes les pièces. Un éclat de rire termina la partie, ajoute M. Cadet; mais ce qu'il ne dit pas, c'est ce qu'adressa l'empereur au chirurgien qui venait de lui donner une leçon : Il y a, dit-il, des automates qui sont forts du *tarse* et du *métatarse* et qui donnent de grands coups de pieds sans dire *garre!* la force de celui-ci est dans le *carpe* et le *métacarpe*; mais il est poli, et n'en fait usage qu'après avoir averti.

Napoléon a le verbe haut, et quand il est en gaîté, ses éclats de rire s'entendent de fort loin. Il aime à chanter, quoiqu'il ait la voix fausse et qu'il n'ait jamais pu mettre une chanson sur l'air. Peu de temps avant son mariage, il chantait souvent l'air : *ah! c'en est fait, je me marie*, et tellement hors de mesure, qu'il était impossible de l'entendre sans rire, ce dont il ne s'offensa jamais. Il avait cette ressemblance avec Louis XV, dont Rousseau raconte, qu'après une représentation du *Devin du Village*, à laquelle ce prince avait assisté, il se tuait de chanter de la voix la plus fausse de son royaume: *J'ai perdu mon serviteur!*

L'empereur aimait le luxe et la magnificence dans toutes les occasions publiques; mais il voulait que l'économie régnât dans l'intérieur de sa maison. Dans un voyage qu'il faisait à Compiégne, trouvant que la voiture allait trop lentement à son gré, il baissa la glace et cria aux piqueurs qui l'accompagnaient: Plus vîte! plus vîte! Caulaincourt qui, en qualité de grand-écuyer, le précédait dans une autre voiture, entendit cet ordre, et mettant la tête à la portière, cria aux piqueurs en jurant, qu'il les chasserait tous, si l'on changeait de train. Les chevaux continuèrent donc d'aller au trot. L'empereur arrivé à Compiégne se plaignit à lui de la lenteur du voyage: Sire, répondit froidement Caulaincourt, donnez-moi plus d'argent pour la dépense de vos écuries, et vous pourrez crever autant de chevaux que vous voudrez. Napoléon changea de conversation.

Un jour qu'il déjeûnait avec l'impératrice, il demanda à une des dames qui y assistaient, ce que pouvait coûter un pâté chaud qui était sur la table: Douze francs pour votre majesté, répondit-elle en souriant, et six francs pour un bourgeois de Paris. C'est donc à dire que je suis volé? reprit Napoléon. — Non, sire, mais il est assez d'usage qu'un roi paye tout plus cher que ses sujets. — C'est ce que je n'entends pas, s'écria-t-il vivement, et j'y mettrai bon ordre. Puis se radoucissant: Il est certain, dit-il en riant, que le métier de roi est le mieux payé; mais c'est que, dans ce siècle, il est devenu diablement difficile.

Une autre fois qu'il se trouvait chez l'impératrice, il avait oublié son mouchoir. On lui en présenta un appartenant à Marie-Louise, et qui était brodé et garni de dentelles. Il en demanda le prix à la dame qui le lui offrait : Sire, lui dit-elle, il peut valoir de 80 à 90 fr. Il s'en fit répéter le prix une seconde fois, et l'ayant bien entendu : Eh bien! dit-il, si j'étais une des dames de l'impératrice, je lui en volerais un tous les jours; cela vaudrait mieux que mes appointemens. Il est heureux, sire, lui répondit-elle en riant, que sa majesté n'ait auprès d'elle que des personnes plus sûres et moins intéressées que vous ne voulez bien le paraître. L'empereur ne s'offensa point de cette réponse.

L'écriture de Napoléon avait toujours été fort mauvaise, et dans les derniers temps, elle était devenue illisible. Les secrétaires habitués à la lire pouvaient seuls la déchiffrer. Dans sa signature, il n'était possible de distinguer que les trois premières lettres, et le surplus ne consistait qu'en quelques traits informes. Rien donc de plus fatigant que la place de premier secrétaire de l'empereur. M. de Menneval l'a remplie pendant dix ans. Napoléon le nomma enfin secrétaire des commandemens de Marie-Louise, et lui dit, en le lui présentant, que c'était l'homme le plus estimable et le plus discret qu'il eût jamais connu, mais qu'il l'avait tué à force de travail. Effectivement, il ne se passait pas de nuit qu'il ne le fît appeler pour lui dicter quelque chose, et souvent même plusieurs fois dans une nuit.

Il n'était point jaloux, et cependant il avait entouré sa jeune épouse d'une foule d'entraves qui ressemblaient aux précautions de la jalousie. Elles avaient pourtant leur principe dans les idées les plus libérales. Il connaissait les mœurs relâchées de sa cour, et il voulut organiser à l'impératrice un intérieur qui la rendît inaccessible au plus léger soupçon. Indépendamment de la dame d'honneur et de la dame d'atours qui avaient seules le droit d'entrer chez elle à toute heure, et des dames du palais qui ne s'y rendaient qu'aux heures consacrées par l'étiquette, sa maison était composée de six dames qui portaient d'abord le titre de *dames d'annonce*, parce qu'elles étaient chargées d'annoncer les personnes qui se présentaient, mais qui furent ensuite nommées *premières dames de l'impératrice*, parce qu'elles étaient véritablement chargées de tout le service intérieur. L'une d'elles avait sous sa garde les robes, une autre le linge, une troisième les bijoux, etc. Je me rappelle à ce sujet une anecdote qui fait honneur à la bonté du cœur de Marie-Louise. Comme elle faisait sa toilette, un jour où il devait y avoir grand cercle à la cour, elle demanda ses diamans. La dame qui avait la garde des bijoux, chercha vainement la clef de la cassette aux diamans; elle fut obligée d'avouer à l'impératrice qu'elle ne la trouvait point. Eh! bien, dit Marie-Louise d'un ton où il perçait un peu d'humeur, qu'on me donne donc mes perles! A peine la parure de perles était-elle placée, que l'empereur arriva chez elle. Il remarqua qu'elle n'avait pas ses diamans, et lui en demanda la raison. Le mouvement d'humeur de l'impératrice était déjà passé. Au lieu de répondre directement à la question : Ne suis-je donc pas bien comme cela? demanda-t-elle. Très-bien! toujours bien, répondit Napoléon ; et il changea de conversation. Elle connaissait déjà le caractère altier et irascible du souverain de la France; elle savait qu'il ne pardonnait pas la plus légère négligence, et que s'il avait appris celle de la dame chargée des bijoux, il l'aurait sévèrement réprimandée, si même il ne l'avait congédiée. De pareils traits, peu importans dans l'histoire d'un particulier, sont honorables dans celle d'une souveraine habituée à voir ses moindres volontés exécutées à l'instant.

Ces six dames avaient été tirées, pour la plupart, de la maison impériale d'Ecouen, établissement formé par Napoléon pour l'éducation d'un certain nombre de filles de militaires, et qui était mieux tenu que ne l'avait jamais été Saint-Cyr. Cinq d'entre ces dames étaient veuves ou filles de colonels ou de généraux. Elles avaient sous leurs ordres six femmes de chambres; mais celles-ci n'entraient chez l'impératrice que lorsque la sonnette les y appelait; au lieu que les premières dames, dont quatre étaient de service tous les jours, passaient auprès d'elle la journée entière. Elles entraient chez l'impératrice avant qu'elle fût levée, et ne la quittaient plus qu'elle ne fût couchée. Alors toutes les issues donnant dans sa chambre étaient fermées, une seule exceptée qui conduisait dans une autre chambre où couchait celle de ces dames qui avait le principal service de la semaine; et l'empereur même ne pouvait entrer la nuit chez son épouse, sans y passer. Pas un homme, à l'exception des officiers de santé, n'était admis dans les appartemens de l'impératrice, sans un ordre exprès de Napoléon. Les dames même n'y étaient reçues qu'après avoir obtenu d'abord un rendez-vous de Marie-Louise. Les dames premières étaient chargées de faire exécuter ce réglement. Une d'elles au moins accompagnait partout l'impératrice, et assistait aux leçons qu'elle prenait de musique, de dessin, de broderie. Quelques personnes qui fussent avec elle, une dame première restait toujours dans le même appartement. Cette vie était pénible sans doute; mais elles avaient pris à Ecouen l'habitude d'une vie recluse et solitaire; les bontés que leur témoignait leur souveraine en adoucissaient les désagrémens, et elles la servaient par affection encore plus que par devoir. Du reste, toutes leurs démarches étaient surveillées, leur correspondance examinée; elles ne pouvaient dire un mot, ni faire un pas qui ne fût connu du maître; car il y avait au château un double système d'espionnage, l'un conduit par le ministre de la police, l'autre dirigé par l'empereur lui-même.

La même étiquette s'observait dans tous les voyages de la cour : toujours une des premières dames couchait dans une des chambres à côté de l'impératrice, et par laquelle il fallait nécessairement passer pour y entrer. Une nuit, à La Haye, la dame qui était de service pour la nuit avait fait placer son lit de façon que l'empereur pût entrer librement dans la chambre de son épouse, s'il le jugeait à propos. Il y vint effectivement. La dame feignit de dormir, et à quelques mots que l'empereur prononça à demi-voix, elle crut comprendre qu'il trouvait le passage mal gardé. La nuit suivante, elle fit placer deux matelas, en travers de la porte. Napoléon vint encore, vit ce changement de disposition, en parut satisfait, dit qu'il fallait continuer à agir de même, et enjamba par-dessus les matelas.

L'empereur Napoléon tenait beaucoup à l'étiquette. Des écrivains superficiels le lui ont reproché comme un ridicule et comme un travers. C'est une question en général; et pour un lieutenant d'artillerie, parvenu au premier trône de l'Europe, reconstruit par l'ordre et que le mépris de l'étiquette avait contribué à renverser, cette question n'en pouvait être une. Napoléon regardait l'étiquette comme la première barrière du trône, sa politique s'appuie dessus et n'en reçoit pas ses limites. En conséquence, il se faisait rendre un compte exact et minutieux de tout le cérémonial usité aux cours de Louis XV et Louis XVI ; il exigeait qu'on s'y conformât scrupuleusement ; il y ajoutait quelquefois, et faisait fouiller jusques dans les plus anciennes archives de la précédente monarchie, pour éclaircir les points qui lui paraissaient douteux. Un jour (c'était durant sa grossesse) l'impératrice devait prendre médecine : elle exigea qu'on la lui donnât avant l'arrivée de son médecin. Après l'avoir prise, elle éprouva des coliques assez violentes pour faire concevoir quelques inquiétudes : toute la faculté fut en l'air. L'empereur averti accourut chez Marie-Louise. Le mal avait déjà disparu ; mais il n'en fit pas moins un long sermon à la duchesse de Montebello sur l'imprudence qu'elle avait commise, en donnant à l'impératrice un médicament qu'elle ne connaissait pas ; et il répéta plusieurs fois « que l'étiquette exi-« geait que ce fût son médecin qui lui présen-« tât la médecine. » Ici, comme l'on voit, l'étiquette n'est que la raison sous une forme cérémonieuse. La duchesse ne répondit pas un mot ; mais lorsque l'empereur se fut retiré : Je suis bien aise, dit-elle, que M. *Etiquette* ait fini; je n'ai jamais aimé les longs sermons. Depuis ce temps, elle se permettait souvent de le désigner ainsi, même en causant avec Marie-Louise, ce qui n'était ni d'un bon procédé, ni d'un bon exemple. Ainsi madame de Noailles, dame d'honneur de la dauphine, depuis l'infortunée reine Marie-Antoinette, avait reçu de cette princesse le sobriquet de madame de l'*Étiquette*, parce qu'à chacune des actions de la dauphine, cette dame opposait un obstacle et répétait gravement: Madame, ce n'est pas l'étiquette en France.

Pendant les six premières semaines qui suivirent l'accouchement de l'impératrice, cette princesse ne reçut que sa dame d'honneur, sa dame d'atours et les princesses de la famille impériale. Lorsque MADAME MÈRE, ou quelques-unes des sœurs de Napoléon venaient la voir, on leur donnait des fauteuils près du lit de l'accouchée. Le jour que Marie-Louise devait recevoir, pour la première fois, les dames présentées à la cour, l'empereur remarqua que près du lit de repos destiné à l'impératrice, on avait placé trois fauteuils: pour MADAME MÈRE et pour les reines d'Espagne et de Hollande. Il blâma cette distinction, dit que sa mère n'étant pas reine, ne devait pas avoir de fauteuil, et qu'il n'en fallait donner à personne. Il les fit donc emporter et y fit substituer des tabourets. MADAME arriva bientôt avec les deux reines, et voyant qu'elles n'avaient pas de fauteuils, elles se retirèrent sur-le-champ d'un air piqué, et ne voulurent pas assister à la réception des dames qu'on attendait. Cet évènement, causé par l'étiquette, augmenta le froid qui régnait dans la famille, et il en résulta une foule de tracasseries, dont l'impératrice eut à supporter les désagrémens, quoiqu'elle fût bien innocente de ce qui les avait causées.

CHAPITRE II.

LES PARTIS A LA COUR DE NAPOLÉON.

Doit-on s'étonner en France que la nation soit divisée en plusieurs partis, subdivisés eux-mêmes en factions plus petites, lorsque la cour de Napoléon l'était au moins en trois bien distincts : l'ancienne noblesse, les hommes de la révolution, et les partisans de l'armée? Une personne, qui a vu de près ces nuances différentes, paraît en avoir donné une idée assez juste. Madame de Montesquiou, dit-elle, et son mari étaient à la tête du premier de ces partis. Toute l'influence dont ils jouissaient était réservée pour obtenir des grâces, des faveurs, des pensions et des places pour les nobles émigrés ou non émigrés. Ils représentaient à l'empereur que c'était le plus sûr moyen de les attacher à sa personne, de leur faire aimer son gouvernement. Ils parlaient ainsi, parce que telle était véritablement leur façon de penser, et que croyant la destinée de la France à jamais fixée, ils desiraient rattacher au souverain de cet empire ceux qu'ils en regardaient comme en devant être le plus ferme soutien. Napoléon connaissait leur zèle et leur dévouement, et témoin des soins infatigables que madame de Montesquiou ne cessait de prendre pour son fils, il était rare qu'il lui refusât quelque chose.

La duchesse de L - M. était ou paraissait l'ame du second parti. Cette dame avait paru très-rarement à la cour de la première impératrice, parce qu'elle n'était aimée ni de Joséphine, ni des sœurs de l'empereur. Une des premières places de la cour de Marie-Louise l'y appelant tous les jours, elle y apporta son cœur de glace, son ignorance du monde, son défaut de tact et d'usage, et sa haine invétérée contre tout ce qui tenait à l'ancienne noblesse. Elle tenait ce dernier sentiment de son mari, qui détestait souverainement cette classe de citoyens et principalement les émigrés. Il avait fait l'impossible pour détourner Napoléon de les rappeler en France et sur-tout de les attacher à sa personne; il avait même eu des querelles assez vives à ce sujet avec l'impératrice Joséphine qui les protégeait. Il ne cherchait pas à cacher cette aversion, et les émigrés, qui en étaient instruits, lui rendaient le même sentiment bien cordialement. Un jour qu'il s'en trouvait un assez grand nombre dans un salon des Tuileries qu'il avait à traverser pour se rendre chez l'empereur, ils affectèrent de se placer devant lui, de manière à lui intercepter le passage; à l'instant le général tira son sabre, en jurant qu'il couperait les oreilles à quiconque l'empêcherait de passer : dès-lors il ne trouva plus d'obstacles ; chacun s'empressa de s'écarter, car on n'ignorait pas qu'il était homme à tenir parole.

Dans une seconde circonstance, assez semblable à celle-ci, le valet de chambre qui l'annonçait chez l'empereur, l'ayant invité d'attendre, pour en être reçu, que M. de Calonne, qui était en conférence avec sa majesté, eût quitté son cabinet, N., furieux, s'arma d'un tabouret qu'il lança contre un lustre et qui, après l'avoir mis en pièces, alla frapper au milieu d'une glace pulvérisée du choc ; à ce bruit imprévu, Napoléon accourt, et reçoit du général, irrité jusqu'à la démence, les reproches les plus amers et les plus hardis. C'est donc pour des émigrés, s'écria-t-il, qu'on éconduit les défenseurs de la patrie! c'est pour caresser les ennemis du trône national, que l'on humilie ses soutiens ! Eh bien, continue-t-il en s'enflammant de plus en plus, et en reprenant avec l'empereur le ton familier qu'il avait quelques années auparavant, tu n'en veux faire qu'à ta tête, mais tu t'en repentiras. Les émigrés! ce sont des traîtres; ils le furent à leur patrie, à leur roi, qu'ils ont laissé égorger; ils le seront à toi-même : tu les combleras de bienfaits, et ils t'assassineront s'ils en trouvent l'occasion. Cette sortie valut à N. un exil momentané.

Cette disgrâce, qu'il attribua encore aux émigrés, ne diminua pas sa haine contre eux; il n'est donc pas étonnant qu'il ait pu inspirer les mêmes sentimens à sa femme, et elle a donné plus d'une preuve qu'elle les partageait. Sortie de la classe bourgeoise, c'était sa mère, femme d'ailleurs fort estimable, qui avait présidé à l'éducation de sa fille, et n'avait pu lui donner que celle qu'elle avait reçue elle-même. La jeune personne parut à la cour comme épouse du général : elle avait une figure de vierge, un grand air de douceur, et elle plut généralement, quoiqu'elle eût dans le caractère beaucoup de froideur et de sécheresse. J'en donnerai pour preuve, indépendamment de celles qui résultent de ce récit, l'abandon subit qu'elle fit d'une jeune compagne de son enfance, mademoiselle Mélanie V**, qu'elle ne regarda plus du moment où la faveur de Napoléon, en changeant la fortune du général N., eut ainsi changé, ou plutôt mis à découvert le secret orgueil de la duchesse. A cette occasion, j'apprendrai au lecteur que la fortune laissa tomber aussi un regard de complaisance sur la jeune Mélanie V**. Brodeuse de son métier, elle tenait en outre le cabinet de lecture de son frère, petit libraire de la rue du Lyon-Saint-Sulpice. Les gens du quartier n'ont pu oublier cette figure aimable qui se dessinait au comptoir de la boutique, et qu'à travers un rideau de gaze, comme sous un léger nuage, on aurait prise pour une sainte d'Angélica Kauffmann; c'est l'effet qu'elle produisit sur un monsieur B. de C., jeune homme ardent, spirituel, mais peu réfléchi, qui se passionna vivement, se présenta avec politesse, s'enflamma sérieusement, rendit de grands services à la famille, et finit, malgré la sienne, par donner sa main, son nom et cinquante mille francs de rente à la petite compagne de la future duchesse. Pour en revenir à celle-ci, l'on dit (mais nous ne faisons que rapporter ces anecdotes, sans les garantir) que, guidée et conseillée par deux hommes, auxquels la qualité de l'un, la profession de l'autre et l'âge de tous deux auraient dû inspirer plus de réserve, elle puisa à leur école des principes, sans lesquels elle aurait montré plus de noblesse dans les sentimens, et affiché moins d'avidité. Mais, comment avec des inclinations déjà naturelles, résister à des guides sans élévation, sans délicatesse, et pour qui l'or est le vrai dieu ? Ainsi personne, mieux que madame L-M., ne connaissait mieux l'art de se faire faire des cadeaux. Quoique très-riche, on dit qu'elle avait engagé un homme qui approchait de l'impératrice aussi souvent qu'elle, et dans une intimité obligée (M. C.), à dire à cette princesse qu'elle avait à peine deux mille écus de rente : elle, de son côté, rendait le même service à ce personnage, en disant à Marie-Louise qu'il était gêné dans ses affaires ; et par ce moyen, les diamans et les présens pleuvaient sur tous deux sans discontinuer. Lorsque Napoléon, en 1813, accorda à madame de Montesquiou une pension de cinquante mille francs, pour la récompenser des soins qu'elle avait pour son fils, madame de L-M, en conçut une telle jalousie, qu'elle ne laissa pas de repos à l'impératrice jusqu'à ce qu'elle eût obtenu pour elle de l'empereur la même faveur, quoiqu'elle n'eût rien fait pour la mériter.

A sa hauteur habituelle, à la sécheresse de son cœur, elle savait joindre un esprit souple et délié, et des dispositions au manége et à l'intrigue dont elle se servit adroitement pour s'emparer de l'esprit et du cœur de la princesse à laquelle elle était attachée. Elle n'y réussit pas sur-le-champ. Pendant les trois premiers mois qui suivirent le mariage de l'archiduchesse avec Napoléon, ce prince passait auprès de l'impératrice ses jours et ses nuits. Les affaires les plus urgentes pouvaient à peine l'en arracher quelques instans. Lui, qui aimait le travail de passion, qui travaillait quelquefois avec différens ministres huit à dix heures de suite sans être fatigué, qui lassait successivement plusieurs secrétaires, il convoquait maintenant des conseils auxquels il n'arrivait que deux heures après qu'ils étaient assemblés; il ne donnait plus d'audiences particulières, et il fallait l'avertir plusieurs fois pour celles qu'il ne pouvait se dispenser d'accorder à ses ministres. On était surpris d'un tel changement. Les ministres se plaignaient tout bas; les vieux courtisans observaient, et disaient que cet état était trop violent pour pouvoir durer. L'impératrice seule ne doutait pas de la durée d'un sentiment qu'elle partageait et qui faisait son bonheur.

Mais au bout de quelques mois de mariage, Napoléon devint moins assidu auprès de sa jeune épouse, reprit son goût pour le travail, et rentra dans le cercle de ses occupations ordinaires. Ce fut alors que Marie-Louise éprouva le besoin d'avoir une amie. La duchesse écouta avec complaisance les épanchemens de cœur de sa souveraine, la plaignit, la consola, enfin s'insinua si bien dans sa confiance et dans ses bonnes grâces, que l'impératrice semblait n'exister qu'en sa présence. Madame de L.-M. craignait l'ascendant de la reine de Naples : son premier soin fut donc d'inspirer à Marie-Louise des préventions contre sa belle-sœur. Elle lui rappela la manière dont celle-ci avait exigé le renvoi de madame de Laj....; exagéra ses torts et lui en supposa; critiqua ses mœurs, rapporta les anecdotes vraies ou fausses qui circulaient sur son compte; en un mot, elle l'avilit assez dans l'esprit de l'impératrice pour n'avoir plus à la redouter. Elle en agit de même à l'égard des autres sœurs de Napoléon et de toutes les femmes de la cour. Dès que Marie-Louise paraissait en distinguer quelqu'une, elle devenait le plastron des médisances ou des calomnies de la duchesse. ***T était son écho fidèle, et la scène finissait par l'éloignement de la dame qui inspirait des craintes à la favorite.

Ce manége fut répété si souvent, que l'impératrice finit par se persuader qu'excepté la duchesse de L-M., il n'existait pas à la cour une jeune femme dont la conduite fût irréprochable. Elle ne s'attacha que plus fortement à elle. Peu de jours se passaient sans qu'elle lui fît quelques présens pour elle ou pour ses enfans; et la manière aimable avec laquelle elle savait les faire en augmentait encore le prix. C'était, en quelque sorte, l'impératrice qui faisait la cour à la duchesse; et celle-ci, loin d'en éprouver de l'émotion, de la reconnaissance, osait encore se plaindre de l'esclavage qui lui était imposé, et qu'elle ne supportait, disait-elle, que pour l'intérêt de ses enfans.

Elle ne se permettait de tels propos, que parce qu'elle était bien sûre que personne n'oserait les répéter, ou que si quelqu'un s'en avisait, il ne serait pas cru. Elle ne manquait pourtant pas d'ennemis à la cour, et ce furent eux qui firent courir sur elle un bruit qui s'accrédita généralement dans le temps, et qui n'était cependant qu'une indigne calomnie; car, en blâmant son caractère, nous devons rendre hommage à sa conduite. Ayant obtenu un congé pour sa santé, elle s'absenta quelque temps de la cour, et alla dans une de ses terres avec ses enfans. Les méchans ne manquèrent pas de dire qu'elle s'éloignait pour cacher les suites d'une grossesse dont Napoléon était l'auteur. Quelques personnes le crurent, beaucoup feignirent de le croire; mais quiconque voulait réfléchir n'y put ajouter foi un seul instant. Parmi les singularités qui caractérisent l'empereur, il en est une bien remarquable. Il ne se bornait pas, comme la plupart des hommes, à devenir indifférent pour les femmes dont il avait obtenu les faveurs; il concevait pour elles un éloignement qui allait jusqu'à l'aversion. On n'en peut citer que deux qui firent exception à cette règle générale. Est-il donc croyable que, si ce fait eût été vrai, il eût souffert que madame de L.-M. reprît ses fonctions auprès de l'impératrice; lui qui, en la nommant à cette place, avait dit hautement, comme Louis XIV de madame de Maintenon, qu'il la lui accordait parce qu'il savait qu'elle était véritablement *dame d'honneur*.

Il y a deux instans, dans la vie de la duchesse,

où elle se montra sous le jour le plus favorable. L'un fut l'époque de la naissance du fils de Napoléon. On sait que les couches de l'impératrice furent très-laborieuses. Nous reviendrons sur cet objet intéressant. Madame de L.-M. resta neuf jours entiers dans la chambre de cette princesse, presque sans la quitter. Elle passait les nuits sur un canapé. Enfin elle accomplit rigoureusement tout ce qu'on pouvait attendre d'elle à titre de devoir ou d'affection.

L'autre circonstance, encore plus avantageuse à la duchesse, date de la mort de son mari. On sait que ce brave mourut des suites d'une amputation, après la bataille d'Essling. Son corps ayant été embaumé avec soin par M. Fortin, pharmacien très-habile, la veuve du maréchal voulut jouir une dernière fois du triste plaisir de le contempler. Ce corps avait été déposé dans un cercueil, à côté de celui du général Saint-Hilaire, et placé dans un souterrain à Strasbourg. Ici, nous abandonnons la plume à M. Fortin lui-même, qui, dans une lettre adressée à M. le chevalier Cadet de Gassicourt, s'exprime ainsi :

« Une heure après l'arrivée de l'impératrice à Strasbourg, madame la duchesse de M*** m'envoya chercher. Je me rendis à ses ordres.

Madame la maréchale me fit plusieurs questions, puis me témoigna, en tremblant, le desir qu'elle avait de revoir pour la dernière fois le corps de son époux. J'hésitai quelque moment à lui répondre; et prévoyant l'effet que produirait sur elle le triste spectacle qu'elle cherchait, je lui dis que les ordres que j'avais reçus s'opposaient à ce qu'elle demandait. Mais elle insista d'une manière si pressante, que je me rendis à ses instances. Nous convînmes que j'irais la chercher à minuit, et qu'elle serait accompagnée d'un de ses parens.

« Je me rendis auprès de la maréchale à l'heure convenue. Aussitôt qu'elle m'aperçut, elle se leva, et me dit qu'elle était prête à me suivre. Je me permis de l'arrêter un moment, la priant de consulter ses forces. Je la prévins sur l'état où elle allait trouver le maréchal, et la suppliai de réfléchir sur l'impression qu'elle recevrait des tristes lieux qu'elle visiterait. Elle me répondit qu'elle y était bien préparée, qu'elle se sentait le courage nécessaire, et qu'elle espérait trouver dans cette dernière visite un adoucissement aux regrets amers qu'elle éprouvait. En me parlant ainsi, sa figure mélancolique et belle était calme et réfléchie. Nous partîmes. M. Crétu, son parent, lui donnait la main. La voiture de la duchesse suivait de loin à vide. Deux domestiques marchaient derrière nous.

« La ville était illuminée. (Cette fête se rapporte à l'entrée de l'impératrice Marie-Louise à Strasbourg, lors de son arrivée en France pour son union avec l'empereur des Français.) Les bons habitans étaient tous en férie; dans plusieurs maisons, une musique joyeuse les excitait à célébrer cette mémorable journée. Quel contraste entre ces éclats d'une franche gaîté et la position dans laquelle nous nous trouvions! Je voyais la duchesse ralentir de temps en temps sa marche, tressaillir et soupirer. J'avais le cœur serré, des idées confuses.

« Enfin nous arrivâmes à l'hôtel de la mairie; madame de Montebello donna ordre à ses gens de l'attendre. Elle descendit lentement avec son cousin et moi à la porte de la salle basse. Une lanterne nous éclairait à peine. La duchesse tremblait et affectait une sorte d'assurance. Mais lorsqu'elle pénétra dans cette espèce de caveau, le silence de la mort qui régnait sous cette voûte souterraine, la lueur lugubre qui l'éclairait, l'aspect du cadavre étendu dans son cercueil, produisirent sur la maréchale un effet épouvantable. Elle jeta un cri douloureux, et s'évanouit. J'avais prévu cet accident : toute mon attention était fixée sur elle ; et dès que je m'aperçus de sa faiblesse, je la soutins dans mes bras, et la fis asseoir. Je m'étais précautionné de tout ce qui était nécessaire pour la secourir ; je lui donnai les soins que réclamait sa position. Au bout de quelques instans, elle revint à elle. Nous lui conseillâmes de se retirer ; elle s'y refusa, se leva, s'approcha du cercueil, en fit lentement le tour en silence ; puis s'arrêtant, et laissant tomber ses mains croisées, elle resta quelque temps immobile, regardant la figure inanimée de son époux et l'arrosant de ses larmes. Elle sortit de cet état, en prononçant d'une voix étouffée par les sanglots : Mon Dieu !.... ô mon Dieu ! comme il est changé ! Je fis signe à M. Crétu qu'il était temps de nous retirer ; mais nous ne pûmes entraîner la duchesse, qu'en lui promettant de la ramener le lendemain, promesse qui ne devait pas avoir d'exécution. »

Le troisième parti qui divisait la cour, était rangé sous les bannières du grand-maréchal Duroc, duc de Frioul, et se composait en général, de tout ce qui tenait au militaire, qui ne voyait de gloire et d'honneur que dans la profession des armes, et qui avait un souverain mépris pour les autres. Tandis que les deux autres partis se faisaient une guerre ouverte, cherchaient à se nuire, à se détruire par tous les moyens possibles, celui-ci jouait le rôle d'observateur, démasquait leurs intrigues, et profitait de leurs fautes et de leurs bévues. L'empereur le favorisait secrètement ; mais il n'en suivait pas moins son système de neutraliser tous les partis, en cherchant à balancer leurs forces. Chacun d'eux lui servait d'espion pour les deux autres, et il se trouvait instruit par ce moyen de tout ce qu'il pouvait avoir intérêt de connaître.

La duchesse de L.-M. et la comtesse de Montesquiou, étant ainsi à la tête de deux partis, non-seulement différens, mais opposés, il est facile de croire qu'il ne devait pas régner entr'elles une liaison bien intime. La comtesse, toujours prudente et réservée, n'affichait pas l'éloignement qu'elle avait pour la duchesse, ne cherchait pas à lui rendre de mauvais offices, et se contentait de ne point parler d'elle, et d'apporter une grande froideur dans les relations nécessaires qu'elles avaient ensemble. Mais il n'en était pas de même de madame de

L.-M. Vive et bouillante, elle ne savait ni cacher ses sentimens, ni même chercher à les déguiser. Jamais elle n'allait voir le jeune prince, afin de ne pas être obligée de voir en même temps sa gouvernante. Elle cherchait à persuader à l'impératrice que les soins que madame de Montesquiou prenait de son fils, l'attachement qu'elle lui montrait, n'avaient d'autres motifs que l'ambition et l'intérêt, accusation dont les évènemens postérieurs démontrèrent bien la fausseté. Informée de ses efforts continuels pour lui nuire, madame de Montesquiou s'en plaignit une ou deux fois à l'impératrice même, et essaya de lui dessiller les yeux sur sa favorite; mais le bandeau qui les couvrait était trop épais. La première impression avait été produite, et l'on connaît tout le pouvoir d'une première impression, surtout quand elle est reçue dans la jeunesse, et produite par une personne à qui l'on a donné toute sa confiance. Marie-Louise ne rendit donc pas alors à madame de Montesquiou toute la justice qui lui était due, comme elle eut occasion de s'en convaincre par la suite.

CHAPITRE III.

NAPOLÉON EN VOYAGE.

Claye est un village de poste, sur la route de Paris a Meaux. On y parlera long-temps du déjeûner qu'y fit l'empereur, en partant pour la campagne d'Austerlitz. Ce déjeûner, auquel on se préparait depuis huit jours, était magnifique pour la saison et pour le lieu. Il fut offert au monarque dans la plus belle chambre du maître de poste, chez lequel s'étaient rassemblés les autorités locales et les principaux habitans. Parmi ces derniers, il fallait remarquer le ci-devant duc de Polignac, frère de celui dont le nom fut trop souvent prononcé durant les premiers troubles de la révolution. Ce vieillard, paralysé dans la moitié inférieure de son corps, était, en outre, affligé d'un bégayement, que sa demangeaison de parler assez fréquente, et sa volubilité, rendaient fort plaisant. D'ailleurs, un buste d'Hercule, la poitrine d'un athlète, la voix de Stentor, et un de ces profils que le ciseau de Girardon copiait à la cour de Louis XIV. Celle de Louis XVI, où pourtant les Polignacs avaient joué plus d'un rôle, n'avait jamais vu celui-ci, dépossédé, dès son enfance, de tous droits à la succession de son père, et relégué, sous prétexte d'infirmités et même d'imbécillité, dans un monastère lointain. On peut juger si la révolution, qui avait délivré le bonhomme, lui paraissait odieuse, et s'il révérait l'homme extraordinaire qui, en en récoltant l'héritage, en consolidait les intérêts. M. de Polignac n'ayant jamais vu Napoléon que de loin, se faisait une fête de l'approcher en ce jour tout à son aise, et établi dans un fauteuil à bras, de le contempler face à face. Pour l'intelligence de ce qui va suivre, il faut savoir qu'Armand-Jules-Appolinaire de Polignac, qui pourtant ne manquait pas de sens, ni même d'une sorte d'esprit, était doué d'une crédulité singulière, se laissait séduire par une vanité puérile, et n'avait ni expérience, ni usage. Où les aurait-il acquis en effet, puisqu'il avait passé chez des moines, et en réclusion, les quarante plus belles années de sa vie ? Il y avait alors à Claye un certain K***, ancien adjudant-général pillard, maintenant praticien escroc, mais qui se faisait pardonner ces qualités peu rassu rantes par une effronterie de gaîté et une façon d'amabilité qui firent plus d'une dupe. Quelque temps avant le passage de l'empereur, M. de Polignac était devenu celle du charlatan K***, qui, en échange d'une aigrette tricolore dont le vieillard voulait décorer son chapeau, et sous prétexte d'en prendre un reçu, lui avait fait signer la cession des moulins de Claye. Il est vrai qu'on était revenu sur cet acte frauduleux, dont l'effet manqua, parce que le fourbe, au profit duquel il avait été souscrit, ne put ramasser cinquante louis pour l'enregistrement. Depuis cette époque, le duc gardait à l'escroc une rancune d'autant plus tenace, qu'en véritable enfant invalide il sentait, avec un vif desir de vengeance, l'impossibilité de la satisfaire. K***, que cette aventure avait éloigné du château, où il trouvait de la poudre pour braconner, et une bouteille de Beaune après avoir braconné, saisit, dans la station de l'empereur, l'occasion de se rapprocher de sa victime. La veille, il s'était rencontré, comme par hasard, avec M. de Polignac qui, du haut de sa cariole, conduite par son beau-père, tirait quelques coups de fusil à la lisière d'une garenne. Il lui avait persuadé qu'en qualité de commandant de l'arquebuse, comme occupant un grade dans la garde nationale, et enfin, à titre de gros propriétaire *de l'endroit*, il ne pouvait se dispenser de haranguer Sa Majesté. Mais qui rédigerait la harangue? Quoique bègue, le duc croyait bien parler; mais comme il savait à peine signer son nom, il ne se croyait pas aussi sûr de sa plume que de sa langue. Toutefois, K*** n'était-il pas là? Il s'offrit, fut agréé, rentra le soir même au château, son chef-d'œuvre à la main, et en fit trois lectures au bonhomme, qui passa la nuit à l'apprendre.

Le lendemain, apprêts universels, comme je l'ai dit. De nombreux relais garnissent la rue, la gendarmerie occupe le pont, le carrefour et les avenues de la maison de poste, érigée en palais impérial impromptu; la garde nationale, composée de onze braves, *endimanchés*, remplit les postes d'honneur. Les cloches retentissent : le maire, avec sa ceinture; le curé, avec son étole, se prélassent à la porte de M. P***, maître de poste, devant laquelle la foule se groupe et circule. C'est au milieu de ce grand désordre, que d'éclatans coups de fouets et un grand bruit de chevaux annoncent l'empereur.

En cet endroit de la rue, qui est la route,

le sol s'élève et forme un monticule considérable. Napoléon, impatienté, s'élance à la portière, et du geste, de la voix, et, je crois, par quelques juremens, il gourmande ses postillons, qui pourtant ne peuvent mettre leurs chevaux au galop. On s'arrête, l'empereur saute de voiture, enjambe rapidement l'escalier, poursuivi par le maire qui commence sa harangue, et par le curé qui offre de l'eau bénite. L'impératrice suit plus lentement, sourit à tout le monde, et recueille des applaudissemens. En traversant l'anti-chambre, encombrée de spectateurs, deux figures frappent Napoléon : celle d'un vieillard robuste, assis dans un fauteuil, et qui fait de vains efforts pour se tenir debout sur ses jambes paralysées; et celle d'un rustre, le bonnet de coton en tête, fixe sur Sa Majesté un regard impudent. L'empereur apprend du premier lui-même qu'il est Polignac, et, quoiqu'impétueux et pressé, ce prince veut écouter sa harangue. Mais l'émotion du moment n'a pas contribué à dénouer la langue de l'orateur, qui hésite, se trouble et bégaye davantage, en remarquant les rires, que ne saurait contenir même la présence de Sa Majesté. Enfin, impatienté de ne pouvoir se faire entendre, le malheureux duc rompt brusquement le fil de l'oraison, et s'adressant plus familièrement à l'empereur : Du moins, sire, dit-il en rougissant de dépit, si vous n'entendez pas mon discours, vous accepterez *mon ca ca...* A ce mot malencontreux, il s'arrête tout à coup, plus embarrassé, et ne reprend la parole que pour répéter jusjusqu'à trois fois la fatale syllabe : vous accepterez *mon ca ca...* Jamais il ne put aller plus loin. L'empereur se détourne pour rire, entre dans le salon où le déjeûner était servi, et K***, en bonnet de nuit (car on a deviné que l'insolent campagnard n'était autre), disparaît, après avoir ameuté les railleurs autour du pauvre Polignac, qu'ils complimentent sur les succès de son éloquence.

On en riait aussi à la table de l'empereur, qui n'apprit qu'au dessert la fin d'une phrase si singulièrement rompue. M. de Polignac, sachant que Napoléon aimait le café, et en prenait beaucoup, lui en avait fait préparer de l'excellent, qu'on tenait chaud à la cuisine de la poste. Mais la curiosité en ayant écarté les domestiques, K*** s'y était glissé, et aussi gourmand qu'effronté, il s'était adjugé cette portion du déjeûner impérial. Le moment arriva de le servir. Étonnement, embarras, chagrin des cuisiniers, et plus encore de madame P***, dont l'honneur se sentait fortement compromis. Cependant le prince voulait partir, et demandait son café. On se voit condamné à lui servir, au lieu de Moka, une dégoûtante teinture de marc bouilli, auquel, probablement, il ne fit pas grande attention; car, lorsque l'empereur, traversant l'antichambre, y fut interpellé par le duc, fort inquiet de savoir comment Sa Majesté avait trouvé *son ca ca*, elle répondit, en le saluant d'un sourire : Parfait, M. de Polignac, parfait. Et tous les spectateurs, auquel K*** venait de compter *sa farce*, de rire aux éclats, et de féliciter leur trop heureux concitoyen.

CHAPITRE IV.

CHRONIQUE SCANDALEUSE ET POLICE SECRÈTE.

Napoléon ne dut pas être fort satisfait de son voyage en Hollande où il passa près de trois mois. Il y fut reçu partout très-froidement, et sur-tout à Amsterdam. Cet accueil n'était pas étonnant : les Hollandais ne pouvaient voir en lui que le destructeur de leur commerce et par conséquent de leur prospérité; mais il en fut dédommagé par l'enthousiasme qu'il excita à Bruxelles, où l'impératrice acheta pour 150,000 fr. de dentelles, afin de ranimer les manufactures, ce que l'empereur lui avait recommandé. L'introduction en France des marchandises anglaises était alors sévèrement défendue; toutes celles qu'on pouvait saisir étaient brûlées sans miséricorde. Il en résultait que chacun cherchait à s'en procurer; car le vrai moyen de faire desirer une chose, c'est de la défendre, et la prohibition d'un objet ne fait qu'en rehausser le prix. Ce voyage offrait une occasion bien favorable pour cueillir l'attrayant fruit défendu : la Belgique était encore pleine de marchandises anglaises cachées avec soin. Toutes les dames de la suite de l'impératrice en firent d'amples provisions, et l'épouse même de Napoléon voulut en avoir sa pacotille. Plusieurs voitures en furent chargées, non sans crainte que l'empereur n'en fût informé et ne fît tout saisir en arrivant en France. Vint l'instant du départ. On passa le Rhin, on arriva à Coblentz. Quinze voitures aux armes de l'empereur, composant le premier service, ou l'avant-garde, si on veut lui donner ce nom, arrivèrent en même temps aux portes de la ville. Les commis étaient incertains de ce qu'ils devaient faire. Les uns voulaient qu'on arrêtât les voitures et qu'on les visitât; les autres s'y opposaient, en alléguant le respect dû à tout ce qui appartenait à l'empereur. Ce dernier avis prévalut : les voitures entrèrent librement, et ayant une fois passé la première ligne des douanes françaises, elles amenèrent à bon port dans la capitale la cargaison de marchandises prohibées. Bien certainement, si on les eût arrêtées et confisquées, Napoléon, loin de le trouver mauvais, en aurait ri de tout son cœur, et aurait probablement récompensé celui qui aurait eu le courage de faire son devoir.

Ce fut pendant ce voyage qu'il arrêta le plan de sa funeste expédition en Russie. Il savait que cette campagne serait loin d'obtenir l'approbation universelle, et ce fut probablement dans la vue de calmer le mécontentement futur, qu'il chercha à rattacher les cœurs à sa personne, en déployant tous ses moyens de plaire, et il en avait beaucoup lorsqu'il voulait s'en servir. Jamais on ne l'avait vu si aimable. Il n'avait ni accès de colère, ni boutades, ni impatiences. Il parlait à chacun le langage qui devait lui plaire : banquier à Amsterdam, négociant à Bruxelles, armateur à Anvers. Il visitait les manufactures, inspectait les chantiers, passait les troupes en revue, haranguait les marins, acceptait les bals qui lui étaient offerts dans toutes les villes où il s'arrêtait. Il s'y montrait poli, gracieux, parlait à tout le monde, et, contre sa coutume, ne disait que des choses agréables.

Jamais la cour de France ne fut plus brillante que pendant l'hiver qui suivit le voyage de Hollande : triste et frappant contraste avec les scènes d'horreur et de désolation dont la Russie devait être le théâtre dans la même année. C'était au milieu des fêtes et des divertissemens de toute espèce que Napoléon en méditait la conquête. Enfant gâté de la fortune, enivré d'adulations, n'envisageant pas même la possibilité d'un revers, il semblait célébrer d'avance ses victoires futures, et avoir chargé les plaisirs de tous les préparatifs de la guerre. Pas un jour ne se passait qu'il n'y eût à la cour concert, spectacle ou bal masqué. Rien n'était plus brillant que ces réunions : la salle de spectacle sur-tout offrait un coup d'œil éblouissant. L'empereur et l'impératrice occupaient une loge en face du théâtre: à leurs côtés et derrière eux étaient les princes et les princesses de leur famille. A droite se trouvait la loge des ambassadeurs étrangers; à gauche celle des ministres français. Tout le surplus des premières loges, ou plutôt d'une grande galerie qui en tenait lieu, était réservé aux dames de la cour en grande toilette et resplendissantes de diamans. Le parterre était rempli d'hommes décorés de cordons et de croix de toute espèce, et les secondes loges étaient destinées aux personnes qui obtenaient des billets d'entrée, dont environ une centaine étaient distribués chaque représentation. Les femmes n'y pouvaient venir qu'en grande parure; les hommes n'y étaient admis qu'en habit français et l'épée au côté. Pendant les entr'actes, des laquais à la livrée de l'empereur, distribuaient dans toute la salle des glaces et d'autres rafraîchissemens avec profusion. Le bal masqué offrait un coup-d'œil non moins imposant par la richesse et par la variété des costumes. C'était l'amusement favori de Napoléon. Il ne manquait jamais d'être instruit d'avance du déguisement sous lequel devaient s'y présenter des femmes qu'il voulait intriguer; et comme il connaissait toutes les anecdotes scandaleuses et toutes les intrigues secrètes de la cour, il se faisait un malin plaisir de tourmenter les dames, d'inquiéter leurs maris ou leurs amans. Il jetait ainsi, sans scrupule, dans les familles des germes de trouble et de division, fort peu inquiet des suites, pourvu qu'il arrivât à son but, celui de s'amuser, et de prouver que nulle aventure ne pouvait être assez bien cachée pour échapper à ses yeux.

On a déjà dit plus haut que l'empereur avait organisé, pour l'intérieur de son palais, une police particulière, ou plutôt un système d'espionnage qu'il dirigeait lui-même. Il ne le faisait pas seulement servir aux vues de sa politique: c'était pour lui, comme on vient de le voir, un moyen de dissipation, une source d'amusement. Il se mettait ainsi au courant de toutes les petites anecdotes scandaleuses qui concernaient les personnes de la cour, et il se plaisait sur-tout à persiffler les maris sur les aventures de leurs femmes. Ayant découvert de cette manière une intrigue de la duchesse de B. : Eh bien! duc, dit-il un jour à son mari, votre femme a donc un amant? — Je le sais, sire. — Et qui vous l'a dit? — Elle-même, sire; c'est pourquoi je n'en crois rien. L'empereur, déconcerté de cette réponse, se frappa le front avec la main, en s'écriant: Oh! ces femmes! ces femmes! sont-elles fines? sont-elles adroites?

C'était le duc de Rovigo qui avait donné à l'empereur les renseignemens dont il avait voulu faire usage pour persiffler le duc de B. Napoléon lui rapporta la réponse que le duc lui avait faite. Le fait n'en est pas moins vrai, répondit Savary; il est très-certain que tel jour, à telle heure, la duchesse quitta sa voiture aux Champs-Élysées, s'enfonça sous les arbres, s'y promena cinq minutes, et entra par une petite porte qu'on tenait entr'ouverte à dessein, dans une maison où l'attendait le général de la ***. — Je sais tout cela, reprit l'empereur, je le savais avant que vous me l'eussiez dit; mais vous auriez dû me dire aussi qu'elle y fut suivie un quart-d'heure après par une autre dame qui vous touche de beaucoup plus près, et dont la visite était pour l'aide-de-camp du même général. Le fait était exact ; mais ce qui déconcerta le conteur d'histoire, c'est que la dernière dame était sa femme.

Napoléon ayant appris que Mlle B***, jolie actrice du théâtre Français, s'était permis quelqu'indiscrétion sur son compte, voici ce qu'il imagina pour s'en venger. Dans cette aventure, le ministre C**** devint l'objet d'une mystification très-plaisante. Il entretenait cette actrice et avait la faiblesse d'en être jaloux. Napoléon, qui travaillait la nuit comme le jour, envoya un soir, à onze heures ordre à C. de se rendre sur-le-champ aux Tuileries. Le page, porteur de la lettre, apprend en arrivant chez le ministre qu'il n'est pas chez lui, mais qu'on le trouvera certainement chez mademoiselle B. Il s'y rend aussitôt, lui fait remettre l'ordre de sa majesté, et retourne rendre compte de la manière dont il s'est acquitté de sa mission. C***, déjà couché, se lève promptement, reprend ses habits et ses cordons, et se fait conduire au palais des Tuileries.

A peine était-il parti qu'on frappe à coups redoublés à la porte de mademoiselle B. ; elle croit que c'est le ministre qui revient, et elle cherche s'il n'a rien oublié; mais on lui présente une lettre apportée par un page de l'empereur. Elle l'ouvre avec une agitation dont elle peut à peine se défendre, et lit avec peine ces mots mal écrits, parce qu'ils avaient été tracés de la propre main de sa majesté : « Vous vous rendrez sur-le-champ au palais des Tuileries, *Napoléon*. » Elle s'habille avec autant de soin que le lui permet la nécessité d'obéir promptement à cet ordre, fait mettre ses chevaux à sa voiture, et s'empresse de se rendre au palais.

Pendant ce temps, Napoléon entretenait son ministre de divers décrets, lui faisait prendre des notes, et lui faisait rédiger des projets. Tout à coup un page se présente à la porte, en disant: Elle est arrivée, sire! Faites entrer, répond l'empereur. C*** jette les yeux du côté de la porte pour voir quelle était la visite nocturne que Napoléon allait recevoir: il reconnaît mademoiselle B.; la plume lui tombe des mains, et il reste la bouche et les yeux ouverts, et comme pétrifié. Cependant l'actrice s'avance vers l'empereur, et lui dit avec respect qu'elle se rend aux ordres de sa majesté. Passez dans cette chambre, dit Napoléon sans daigner la regarder, en lui montrant une porte opposée à celle par laquelle elle était entrée; couchez-vous et attendez-moi. Elle disparaît, et le pauvre C., couvert d'une sueur froide, est obligé de reprendre la plume, et de passer à travailler deux heures qui lui parurent deux siècles. Enfin il est congédié. Aussitôt l'empereur sonne, un valet de chambre arrive : Dites à la B. de se retirer, dit-il, son rôle est joué. Le lendemain, il conta lui-même cette aventure qui fit la conversation de tous les salons, jusqu'à ce qu'une autre l'eût fait oublier. C. en trouva le dénouement fort bon ; mais l'actrice en fut cruellement mortifiée, et prétendit qu'elle avait reçu un affront sanglant.

C'est ici le cas de dire un mot des galanteries de Napoléon. On a débité et imprimé bien des mensonges à cet égard, et on lui a prêté des intrigues avec des femmes auxquelles il n'a jamais pensé. Un fait bien connu, c'est qu'il n'a jamais eu de maîtresse en titre; il n'en faut pas conclure qu'il n'ait jamais eu d'inclinations passagères, de fantaisies, et l'on pense bien que, dans le rang qu'il occupait, il ne lui était pas difficile de les satisfaire.

Ce fut dans le voyage de Hollande qu'il parut éprouver un instant de prédilection pour une jeune dame de sa cour qui y avait suivi l'impératrice, la princesse Aldobrandini. Elle est fort aimable, a de l'esprit et cause parfaitement bien. Un soir, qu'elle avait brillé plus que de coutume, il dit à l'impératrice et à la duchesse de M***, que si elles voulaient devenir parfaites, elles n'avaient qu'à tâcher de copier la princesse. Ce fut le premier mouvement d'humeur qu'il occasionna à Marie-Louise. Elle ne la témoigna pourtant que par le silence, et ne montra aucun ressentiment contre la princesse. Mais la duchesse se trouva profondément blessée, et depuis ce temps, elle ne cessa de tenir contre cette jeune femme les sarcasmes les plus piquans, les propos les plus désagréables.

Il avait beaucoup aimé, dans sa jeunesse, une Polonaise, madame de P......ki. Elle est une des deux femmes qui, après avoir eu des liaisons intimes avec lui, n'ont perdu ni son estime ni son amitié, et elle lui a donné les plus touchantes preuves d'affection. Lors de son abdication, elle se rendit à Fontainebleau pour lui faire ses adieux ; et lorsqu'elle sut que Marie-Louise ne l'avait pas suivi à l'île d'Elbe, elle s'y rendit avec un fils qu'elle avait eu de lui, ayant le projet de demeurer près de lui, seulement comme une amie dont la société pourrait lui être agréable. Mais Napoléon n'y consentit point. Il ne voulut point donner à son épouse la mortification de savoir près de lui une femme qu'il avait aimée, quoique ce fût avant son mariage, et elle n'y resta que trois jours.

Deux aventures qu'il eut avec deux actrices célèbres, pendant son mariage avec Joséphine, firent beaucoup de bruit dans le temps, et furent rapportées de différentes manières. Une fantaisie subite lui fit naître un soir l'envie d'envoyer chercher mademoiselle D***, actrice du théâtre ....., fort laide de figure, mais dont le corps, au-dessous du buste, est un modèle de proportions. C'est, par parenthèse, ce dont on peut se convaincre, sans les précautions du mystère, en la voyant dans la tragédie de *Didon* et dans celle d'*Ulysse*, où, sous les habits d'une chasseresse ou la courte tunique de Télémaque, mademoiselle D*** peut satisfaire les amateurs des formes antiques dans une *beauté* moderne. Arrivée chez l'empereur, on avertit ce prince de son arrivée : il était encore à travailler. Il ordonna qu'on la fit entrer dans un cabinet voisin de sa chambre à coucher, et lui fit dire de se déshabiller. La pauvre actrice obéit, et ne garda que la portion de vêtement la plus indispensable. On était alors à la fin de septembre, les nuits commençaient à être froides; il n'y avait pas de feu dans la chambre : de sorte qu'après avoir attendu plus d'une heure, elle se trouva transie de froid. Elle sonna, et pria d'avertir l'empereur de la situation où elle se trouvait. Le travail de celui-ci n'était pas encore terminé : Qu'elle s'en aille! cria-t-il; et jamais il ne la redemanda.

Mademoiselle W***, autre actrice du même théâtre, qui brillait alors de toute la fleur de sa beauté, fut l'héroïne de la seconde aventure. L'empereur avait travaillé ce jour-là avec excès; il avait eu des contrariétés qui lui avaient donné toute la journée des crispations de nerfs. Une nuit passée avec Mlle W*** n'était pas faite pour rétablir le calme dans ses sens. Quoiqu'il en soit, vers deux heures du matin, elle s'aperçut que l'empereur venait de se trouver mal et avait perdu connaissance. La frayeur s'empare d'elle : elle perd la tête et le jugement, pousse les hauts cris, et fait jouer toutes les sonnettes. On accourt, on va chercher médecin et chirurgien; tout le palais est en rumeur. Joséphine s'éveille au bruit; elle accourt chez l'empereur, et la première chose qu'il vit, en reprenant ses sens, fut mademoiselle W***, à demi-nue, qui le soutenait dans ses bras, et l'impératrice en face. Il se mit dans une fureur qui manqua de le faire retomber dans l'état d'où il venait de sortir. On fit disparaître l'actrice tremblante, et jamais il ne lui pardonna l'esclandre qu'elle avait occasionnée.

Puisque nous crayonnons des anecdotes sur le maître, saisissons l'occasion d'en citer quelques-unes sur deux à trois personnages qui, à sa suite, ont occupé l'Europe, et qui, après lui, occuperont encore la postérité. De ce nombre nous mettrons M***, C***, R*** de St.-J***-d'A***.

M***, duc de B***, ancien secrétaire d'état, ministre des affaires étrangères, est fils d'un célèbre pharmacien de Dijon. Ce n'est pas, à beaucoup près, un méchant homme; mais il était bouffi d'orgueil et de vanité. Personne n'eût été moins propre à remplir la place importante qui lui avait été confiée, et il se laissa tromper bien souvent par les rapports des agens crédules ou infidèles qu'il entretenait en pays étrangers. Sans être connu en littérature, il voulut être membre de l'Institut, et il y fut nommé, dès qu'il en eut témoigné le desir; mais jamais il ne prononça son discours de réception. On rit beaucoup de cette nomination dans le public; toutefois ses amis répandirent le bruit qu'il était l'auteur de plusieurs comédies, auxquelles sa modestie et le rang qu'il occupait l'avaient empêché de mettre son nom. On lui attribua même, sans façon, *les Deux Gendres,* pièce de M. E***, qui n'appartient pas tout à fait non plus à ce dernier, puisque le sujet, le plan, les principales situations et un grand nombre de vers sont tirés d'une comédie de collége, depuis long-temps oubliée, intitulée *Conaxa,* mais à laquelle il est juste de dire que le nouvel auteur a donné une nouvelle vie par un talent particulier de s'approprier les conceptions d'autrui. E*** n'est pas assez bête pour être un plagiaire; il a, au contraire, assez d'esprit pour s'être fait metteur en œuvre : voyez *Joconde.*

Lorsque M*** fut nommé duc, un homme, cité pour mille traits spirituels, dit assez plaisamment : *Je ne connais en France qu'un homme plus bête que M***, c'est le duc de B***.*

Il avait pourtant la prétention d'être un homme à bonnes fortunes; mais il eut une aventure dans ce genre, qui ne mit pas les rieurs de son côté.

Ce personnage, chargé du poids des affaires politiques de l'Europe, voyait depuis plusieurs mois toute sa diplomatie échouer aux pieds d'une jeune et jolie comtesse, que le grand moyen, la pluie d'or de Jupiter, n'avait même pu séduire. Il ne pouvait cependant se résoudre à lever le siége de la place qu'il attaquait, et la comtesse, bien décidée à ne pas l'admettre dans la citadelle, imagina une ruse de guerre pour se débarrasser de l'ennemi qui l'obsédait. Elle se relâcha peu à peu de ses rigueurs, et finit par lui promettre un rendez-vous pour la première nuit que son mari passerait à sa campagne, où il allait alors assez souvent pour inspecter des plantations qu'il y faisait faire.

Un soir, le duc de B*** reçoit un billet de la comtesse, qui lui mandait que son mari venait de partir, et qu'elle l'attendrait pour souper à dix heures et demie. Pour le coup, M*** crut avoir ville gagnée. Il se présente à l'heure indiquée à la porte du jardin, comme le billet-doux le lui avait recommandé. Une femme-de-chambre, discrète sans doute, l'y attendait, et le conduisit à petit bruit dans l'appartement de la comtesse, où une élégante collation était servie. Pas un domestique ne parut. La femme de-chambre fit tout le service; et quand elle eut fait disparaître les restes du souper, elle se retira et laissa l'heureux M*** avec la dame de ses pensées. A l'instant, on frappe à grands coups à la porte. Qui peut frapper à une pareille heure, dit la comtesse d'un air inquiet? La femme-de chambre arrive précipitamment: C'est M. le comte, madame; c'est M. le comte.—Mon mari! s'écria la dame en jouant la surprise; il est jaloux comme un tigre, nous sommes perdus, s'il vous trouve ici. Mais il ne s'agit que de vous cacher un moment : peut-être montera-t-il chez moi un instant, après quoi il se retirera dans son appartement.—Le voici, madame, le voici! cria la soubrette qui faisait le guet à la porte. Eh! vite, M. le duc; eh! vite, dit la comtesse, en l'entraînant vers un balcon qu'elle ouvrit et qui donnait sur le jardin. Le duc, étourdi, effrayé, se laissa enfermer sur le balcon, malgré une pluie affreuse qui tombait. Pendant un quart-d'heure, il entend la voix des deux époux qui causaient. Le silence succède; il espère qu'il va être délivré de sa position gênante. Mais, non, une demi-heure, une heure s'écoulent, et sa situation est toujours la même. Il en conclut que le comte passe la nuit dans l'appartement de sa femme; car il a trop bonne opinion de lui-même pour croire qu'on lui ait tendu un pareil piége.

Cependant, quel parti prendre? attendra-t-il le jour sous le balcon? Mais il ne peut manquer d'y être découvert par les domestiques, et peut-être par le comte lui-même. Il examine le terrain autour de lui, et voit que le mur du jardin est revêtu de treillage. Aussitôt il conçoit l'idée de s'en servir pour descendre : il passe par-dessus la balustrade du balcon, passe un pied avec précaution sur le treillage, puis l'autre, et se soutient avec les mains aux barreaux du balcon. Tout allait bien jusques-là; mais vint le moment où il fallut abandonner tout à fait le balcon, et se confier entièrement au treillage qui était vieux. Il se brisa sous le poids du diplomate, et le voilà tombé dans un massif de rosiers d'où il ne se releva qu'avec force égratignures aux mains, aux jambes et au visage. Heureusement il n'était pas tombé de bien haut, et ne s'était pas blessé dans sa chute. Il court à la porte du jardin. Nouveau contre-temps : elle était fermée à double tour. Une échelle se présente à ses yeux; il la dresse contre le mur, y monte, la tire après lui, descend, et le voilà hors du jardin. Il regagne alors sa voiture qui l'attendait à cent pas, et ses gens ne furent pas peu surpris de le voir percé jusqu'aux os, et dans un désordre plus facile à imaginer qu'à décrire.

Voici maintenant, en ce genre, ce qui concerne le comte Y*** ou plutôt son aimable et complaisante moitié. Il aime, comme on sait, les plaisirs faciles. Au lieu de passer des mois entiers à filer le parfait amour aux pieds d'une belle dame, qui aurait fini peut-être par se moquer de lui, il avait une espèce de petit sérail composé de comédiennes du boulevard, de filles publiques et de petites ouvrières, et il a des idées assez libérales pour que ce sérail fût au service de ses amis. Il n'était pas plus jaloux de ses maîtresses que de sa femme, et celle-ci profitait amplement de la liberté que lui laissait son mari. Avec de la jeunesse, de la beauté, de l'amabilité, elle ne pouvait manquer d'adorateurs, et elle avait la réputation de ne pas les faire languir.

Un jour qu'on célébrait sa fête chez elle, son buste en marbre, couronné de fleurs, était exposé dans son salon à l'admiration d'une compagnie nombreuse. Sur le socle qui supportait ce buste, était écrit en lettres d'or le nom de la divinité du temple, *Laura*. Un mauvais plaisant vit dans ce mot le commencement d'une phrase qui, d'après la réputation de la dame, se présentait naturellement à l'imagination : il colla donc sous l'inscription un papier sur lequel étaient écrits très-lisiblement les mots *qui voudra*. Tout le monde put lire cette devise, jusqu'à ce qu'un officier la fit disparaître. Le comte ne se fâcha point de cette plaisanterie dont l'auteur garda pourtant l'incognito ; et la comtesse en rit beaucoup. De méchantes langues dirent même que c'était elle qui l'avait fait placer comme un avis au lecteur.

Le roi Joachim fut un des heureux mortels qu'elle favorisa. Cette majesté voulant, au premier janvier, lui faire un présent qui fût digne d'elle et de lui, imagina de lui offrir un magnifique brillant monté en solitaire. La comtesse, avant de le porter, résolut de s'en servir pour tirer quelque argent de son mari, ce qui n'était pas chose très-facile. Un matin, elle va le trouver dans son cabinet, lui montre le brillant, lui dit qu'elle vient de l'acheter cinq cents louis à un juif, qu'il en vaut au moins le double, qu'il doit revenir dans la matinée pour en toucher le prix ; enfin, que n'ayant pas cette somme à sa disposition, elle a recours à sa bourse, persuadée qu'il ne voudrait pas lui laisser manquer une si bonne affaire.

Le mari examine le brillant, le trouve si beau qu'il ne peut croire que le Juif le donnât pour une telle somme, à moins que ce ne fût une pierre fausse. La dame se récrie, assure qu'elle se connaît très-bien en brillans, et garantit que celui-ci est de la plus belle eau. Pour trancher la difficulté, le comte demande sa voiture, emporte la bague, et dit à sa femme qu'il veut avant tout la faire voir au joaillier de la couronne.

La comtesse attendait son retour avec impatience. Il revint enfin : Vous aviez raison, ma chère, lui dit-il d'un air de triomphe, la pierre est fine, très-fine, et la meilleure preuve, c'est que le joaillier de la couronne vient de m'en compter mille louis. Mais il est juste que vous en profitiez aussi, et voici un billet de mille francs que je vous donne comme épingles du marché. Quant au Juif, envoyez-le moi quand il viendra, et je lui compterai les cinq cents louis. Y*** savait fort bien que le Juif ne se préseuterait jamais, car le même joaillier lui avait dit avoir monté depuis peu ce solitaire pour le roi Joachim, et le comte ne doutait nullement que sa pudique moitié n'en eût payé le prix d'avance.

Venons-en à son altesse sérénissime monseigneur le prince duc de P***. Ce personnage qui jouissait d'une bonne réputation comme jurisconsulte, ne s'éleva pas plutôt hors de sa sphère naturelle, qu'il tomba dans une nullité absolue. Lorsqu'il fut nommé C*** de la R-F*** avec M. I. B*** (maintenant duc de P***), en même temps que Bonaparte, il parut une caricature très-jolie qui fut bientôt supprimée par la police. Bonaparte y était représenté debout entre ses deux collègues à genoux, et tenant dans chaque main un immense éteignoir qu'il leur plaçait sur la tête.

De là nullité au ridicule il n'y a qu'un pas en France, et plus celui qui en est menacé cherche à se donner de l'importance, plus ce pas est promptement franchi. Or, jamais parvenu ne fut si follement enflé de sa nouvelle grandeur que C***. Que vous m'appelliez *altesse sérénissime* en public, disait-il quelque temps après avoir été créé *duc de P****, à un homme qu'il honorait de ses bonnes grâces particulières, cela est très-bien, cela doit être ; mais en particulier, entre nous, mon cher, ce cérémonial est inutile : appelez-moi tout simplement *monseigneur*.

Il n'était point permis aux dames de paraître à son assemblée en robe courte. Ce costume lui paraissait peu respectueux ; aussi toutes les femmes, qui connaissaient sa prédilection pour les queues, lui en amenaient de longues d'une aune. Un soir pourtant, madame de la Rochefoucault, dame d'honneur de l'impératrice Joséphine, arriva chez lui en robe ronde. C***, piqué de cet oubli, se lève du fauteuil qu'il quittait rarement, s'approche d'elle, et lui fait avec douceur un reproche amical sur sa négligence. La dame s'incline, et lui répond assez haut pour être entendue : Je prie votre altesse de m'excuser ; je sors à l'instant du cercle de sa majesté l'impératrice, et je n'ai pas eu le temps de changer de toilette. L'altesse se retira en faisant la grimace, et ses courtisans qui l'entouraient eurent peine à retenir le sourire près de leur échapper.

Presque tous les soirs, C*** allait faire une promenade au Palais-Royal. Bien des gèns s'y rendaient, parce que rien n'était comique et ridicule commes on cortége. Il marchait en tête, seul, le nez au vent, un chapeau à cornes sous le bras ou sur la tête, les mains derrière le dos, et saluant tout le monde; car, au Palais-Royal, ce prince était très-populaire. Immédiatement après lui, marchaient, sur la même ligne, le gros et court d'A*** et le sec et vieux marquis de V-v***. Quelques espions de police étaient répandus dans le jardin pour maintenir l'ordre parmi les filles et les polissons de toutes classes qui y fourmillent, et qui, escortant monseigneur, qu'ils avaient l'air de connaître beaucoup, formaient le dernier trait de ce grotesque tableau.

Il fréquentait l'Opéra et les Variétés; mais on le voyait rarement aux autres spectacles. Il ne manquait jamais de s'endormir à l'académie impériale de musique, dont la magnificence a toujours eu cet incontestable droit. Mais aux Variétés, mademoiselle C***, jeune, jolie et agaçante actrice de ce théâtre, venait le trouver dans sa loge, et se chargeait de le tenir éveillé. Il avait pris cette modeste nymphe pour maîtresse par décence, pour faire taire certains bruits qui couraient sur lui, et dont, par décence aussi, nous nous abstiendrons de parler. Elle accoucha peu de mois après que le public fut informé qu'elle était entretenue par C***. On lui attribua cet enfant; mais il s'en défendit toujours, et en rejeta l'honneur sur M. de B*** qui avait été amant en pied de mademoiselle C***, avant son altesse : Je ne l'ai connue que postérieurement, disait-il avec un sang-froid comique.

Peut-être, au surplus, ne cherchait-il à se dérober aux honneurs de la paternité, que pour ne pas avoir à sa charge l'enfant dont le père était incertain; car, malgré son immense fortune, le duc de P*** n'est rien moins que généreux. Voici, à ce sujet, un trait assez plaisant et qui n'est pas très-connu.

Un marchand de meubles avait un jour apporté chez ce prince une table pour soixante couverts, qui lui avait été commandée par lui. Son altesse ordonna qu'elle fût à l'instant dressée dans sa salle à manger pour voir si elle était de la grandeur convenable. Lorsque le marchand eut ajusté toutes les allonges, C***, qui cherchait sans doute quelque prétexte pour faire une diminution sur le prix convenu, prétendit qu'elle était trop petite pour que soixante personnes pussent y prendre place sans y être gênées. Le marchand soutint le contraire. Après une assez longue discussion, C*** résolut d'en venir à la preuve. Il envoie un de ses valets vers des maçons qui étaient alors occupés à des démolitions sur la place du Carrousel, et leur fait demander de se rendre à l'instant chez lui au nombre de soixante. Les ouvriers sont d'abord surpris de cette subite invitation, et pensent qu'il s'agit de quelqu'ouvrage très-pressé à faire chez son altesse. Ils se lavent les mains et le visage, reprennent leurs habits et se rendent chez le prince. On les introduit dans la salle à manger. C*** avait fait placer soixante assiettes sur la table et autant de chaises tout autour. Il leur ordonne de s'asseoir. Leur étonnement redouble : n'importe, ils obéissent. La plupart s'imaginent que monseigneur a reçu de bonnes nouvelles de l'armée, et que par un beau mouvement d'enthousiasme, il veut les faire boire à la santé de l'empereur. Ils étaient donc dans d'assez bonnes dispositions, quand l'A. C., au lieu de les faire servir, leur commanda les manœuvres suivantes : Faites semblant de boire! — Ayez l'air de découper quelque chose sur votre assiette ! — Les pauvres diables exécutèrent toutes ces évolutions avec assez de précision, et son altesse, bien assurée que la table pouvait contenir soixante convives, les renvoya à jeun, comme ils étaient venus, sans leur accorder même la moindre gratification.

A propos de lésinerie, qui n'a pas entendu parler de celle qui est, pour ainsi dire, endémique dans les chefs de la famille Bonaparte ? sans parler du cardinal Fesch, qui, après avoir voyagé de France en Italie, et d'Italie en France, dans une voiture à l'essai, la rend froidement au sellier, en y ajoutant un pourboire de 24 francs; ni de la verte leçon que lui donne un maçon employé aux travaux de son palais de la rue du Mont-Blanc, et qui se fait payer un napoléon sa morale charitable, qu'à titre de malheureux il adresse à ce prince de l'Église; traçons quelques lignes sur la conduite analogue de madame Bonaparte, bien digne, à cet égard, d'être la sœur du cardinal.

Napoléon lui avait monté un train de maison digne de la mère de tant de têtes couronnées; et pour lui donner une sorte de consistance politique, il l'avait nommée protectrice de toutes les maisons de charité. On aurait pu prendre cette nomination pour une épigramme, car rien n'était moins charitable que madame Létitia Bonaparte, qu'on se permettait de nommer à Paris *la Mère la Joie*, à cause de son bizarre prénom. On rapporte d'elle des traits d'avarice, qui sont presqu'incroyables : nous en citerons quelques-uns.

Pendant le séjour que la fille aînée de Lucien fit à Paris, elle demeurait chez *Madame Mère :* c'était le titre que portait la mère de Napoléon. Cette jeune personne, élevée dans des principes de piété, demanda un confesseur aux approches d'une grande fête. Madame Mère, quoique remplissant exactement ses devoirs de chrétienne, n'avait ni chapelle, ni confessionnal dans son palais. On l'engagea à faire l'acquisition de ce dernier meuble; mais jamais il ne fut possible de l'y déterminer; il fallut en emprunter un au curé de la paroisse. Plutôt que de faire une pareille dépense, elle aurait fait servir à cet usage, la guérite du factionnaire qui était à sa porte.

Une de ses dames du palais jouissait d'une fortune très-médiocre, et le modique traitement qu'elle recevait de Madame Mère n'y faisait pas une addition considérable. Cette dame avait le bon esprit de régler sa dépense sur ses moyens : sa mise, toujours décente, n'annonçait jamais de luxe ; enfin elle n'avait pas de cachemire, ce qui était d'autant plus remarquable qu'ils étaient alors en grande faveur, et qu'il n'existait pas à la cour une femme qui n'en eût plusieurs. Madame Mère lui demanda un jour pourquoi elle n'en avait pas un ; celle-ci lui en expliqua la raison sans embarras et sans mauvaise honte, et lui dit que sa fortune ne lui permettait pas de faire une dépense de 1200 à 1300 fr. au moins. Quelques jours après, comme cette dame entrait chez Madame Mère, cette dernière lui montra un schall de ce tissu précieux : Comment le trouvez-vous ? lui demanda-t-elle. Très-beau, madame, et d'une couleur charmante. Je suis charmée qu'il soit de votre goût, car il vous appartient. La dame crut que c'était un présent que lui ferait Madame Mère dans sa générosité ; mais l'illusion ne fut pas longue : le lendemain, on lui apporta le mémoire du marchand chez qui le schall avait été acheté pour elle. Elle le renvoya, et lorsque Madame Mère en fut instruite, elle en témoigna tout haut sa surprise, disant qu'elle avait trouvé ce schall d'occasion, qu'il ne coûtait que 900 francs, et que c'était la meilleure affaire qu'elle eût faite de sa vie.

Autre fait plus remarquable encore. Une femme de chambre au service de Madame Mère mourut après une longue maladie. Tous les secours nécessaires lui avaient été prodigués, et on lui fit même des obsèques plus brillantes que son état ne l'exigeait. Le lendemain de l'enterrement, le mari reçut le mémoire des frais de maladie et d'inhumation, arrêté par Madame Mère elle-même, et il fallut qu'il le payât.

Revenons à C***. Il ne donnait au chevalier d'A*** que 4000 francs par an, pour être tous les jours son ombre assidue depuis trois heures après midi, jusqu'à l'instant où il se couchait ; mais d'A*** aimait une bonne table : celle de monseigneur était la meilleure de Paris, sans en excepter celle de l'empereur, et c'était pour lui un dédommagement suffisant de la servitude à laquelle il se condamnait. Lorsque Grimod de la Reynière eut fait son *Almanach des Gourmands*, il avait le projet de le dédier à C***, comme au plus digne favori de Comus.

Mais des amis lui firent observer que son altesse n'entendait pas la plaisanterie, et que cet hommage rendu publiquement à sa cuisine, pourrait lui attirer quelque fâcheuse affaire. Il se rabattit donc sur le majordôme de monseigneur, et l'almanach fut dédié au chevalier d'A***. Celui-ci ne trouva pas le mot pour rire dans cette dédicace, et il était incertain s'il s'adresserait à son épée ou à la justice pour en obtenir une réparation, quand il vit arriver chez lui des députés de Grimod qui lui inspirèrent des sentimens plus pacifiques; c'était une superbe dinde aux truffes, et un panier d'excellent vin de Vougeot. Dès ce moment, il pardonna généreusement; et au lieu de courir le risque de se faire couper la gorge, il s'amusa à se donner une indigestion.

Lorsque C*** eut quitté Paris après le retour des Bourbons, on fit sur d'A*** l'épigramme suivante:

> D'A***, de monseigneur
> Ne pouvant plus piquer l'assiette,
> Pour en témoigner sa douleur
> A mis un crêpe à sa fourchette.

Il avait en quelque sorte prévu et prédit ce triste évènement; car, lorsqu'après la fatale campagne en Russie, il vit Napoléon, le printemps suivant, partir pour l'Allemagne, au lieu de se tenir sur la défensive aux bords du Rhin: Cet homme-là fera tant, dit-il à un de ses amis, qu'il finira par compromettre la tranquillité de monseigneur.

Ces deux illustres gastronomes rappellent le souvenir d'une anecdote qui mérite de vivre dans les *Annales de l'Art de la Cuisine*. L'abbé de P***, qui éprouvait quelquefois des momens de disgrâce du maître qu'il a tour à tour adoré et insulté, se trouvant une année en retraite dans son diocèse pendant le Carême, annonça à son cuisinier qu'il ne devait servir sur la table que du maigre jusqu'aux fêtes de Pâques. Celui-ci, homme de génie, et artiste consommé dans son art, crut deviner que monseigneur voulait du moins sauver les apparences. En conséquence, il assaisonna tous ses mets avec les jus et les coulis des meilleures viandes, et trouva même le secret, en lui servant des poissons farcis, d'y faire entrer des hachis de volaille et de gibier. Le digne prélat fut si satisfait de ce régime, que lorsque le temps de pénitence fut écoulé, il avertit son cuisinier que, même à Paris, il ferait maigre à l'avenir tous les jours d'abstinence prescrits par l'Église.

Terminons cet échantillon de chronique scandaleuse par quelques traits, lesquels, ajoutés à ceux que nous avons déjà cités, donneront une idée assez exacte de la manière dont se faisait la police de Paris sous le ministère de S***, duc de R***.

Pendant un repas auquel assistaient un grand nombre de personnes, la conversation étant tombée sur la politique, deux hommes tinrent, à l'envi l'un de l'autre, les propos les plus hardis contre le gouvernement, ne ménageant pas même la personne sacrée de l'empereur. On sort de table; l'un d'eux se retire; l'autre le suit aussitôt. L'ayant rejoint sur l'escalier : Monsieur, lui dit-il, les propos que vous venez de tenir annoncent un homme mal intentionné. Vous allez avoir la bonté de me suivre à la Préfecture de Police. Ne faites ni résistance, ni esclandre; j'ai main-forte à deux pas. — Vous me prévenez, monsieur, répond l'autre; je ne sortais que pour aller au poste voisin prendre une escouade pour vous arrêter vous-même. En même temps, il tire de sa poche la médaille dont étaient por-

teurs tous les respectables suppôts de la police.
Tout fut alors expliqué. Ces deux vertueux
agens d'un digne ministre n'avaient parlé,
chacun de leur côté, comme ils l'avaient fait,
que pour engager l'autre à dévoiler ses sentimens ; et après avoir beaucoup ri de leur
méprise, ils rentrèrent dans le salon pour y
continuer leurs rôles de surveillans.

Un homme qui n'avait que deux fils, qui
tous deux lui avaient été enlevés par la cons-
cription, et qu'il avait perdus tous deux dans
les plaines de la Russie, était fortement soupçonné de n'être pas ami du gouvernement. Le
fait était vrai ; mais en homme prudent, il
voyait peu de monde, n'épanchait sa bile qu'en
présence d'amis bien sûrs, et était, devant
toute autre personne, d'une réserve désespé-
rante pour les agens dont la police l'avait en-
vironné. Un jour qu'il était assis sur un des
bancs du jardin du Luxembourg, avec un
ancien ami, dont les sentimens étaient con-
formes aux siens, leur conversation tomba
sur la bataille de Leipsick, qui avait été
livrée peu de temps auparavant. Les deux amis,
en déplorant les maux de la guerre, ne mé-
nageaient pas l'ambition du Corse qui avait

asservi la France, et se flattaient de l'espoir que cette bataille funeste aurait au moins l'heureux résultat d'accélérer sa perte. Tandis qu'ils causaient, un enfant de cinq à six ans, beau comme l'amour et bien vêtu, vint se réfugier près d'eux en pleurant, et leur dit qu'il avait perdu sa bonne. Ils le firent asseoir, le consolèrent en lui disant que sa bonne le chercherait sûrement, et qu'elle finirait par le découvrir. Ils continuèrent leur conversation. Au bout d'un quart-d'heure, une femme, portant dans ses bras un autre enfant, passa près d'eux ; l'enfant la reconnut pour sa bonne et alla la rejoindre.

Le lendemain matin ils furent tous deux arrêtés, conduits à la Conciergerie et mis au secret, sans que l'un se doutât que l'autre partageât son infortune. V***, chef des inspecteurs, l'un des plus actifs suppôts de la police inquisitoriale, fit d'abord comparaître devant lui le père qui avait deux enfans à regretter. Quel fut l'étonnement de celui-ci, quand il entendit V*** lui répéter mot à mot la conversation qu'il avait tenue avec son ami au Luxembourg ! Malgré son trouble, il se renferma dans une dénégation absolue. Vous niez? lui dit V***; je vais faire comparaître un témoin dont la présence seule suffira pour vous convaincre. Il fait un signe à ses satellites, et l'ami du malheureux père est amené devant lui. Je suis trahi! s'écrie celui-ci en le voyant paraître; est-il possible qu'un ancien ami m'ait si indignement trompé! — Vous êtes dans l'erreur, reprit froidement l'inspecteur; monsieur ne vous a point trahi : il est accusé et détenu comme vous. Apprenez que rien ne peut être caché à la police : elle connaît les actions, les discours, et n'ignore pas même les pensées. Il fit alors reconduire les amis à la Conciergerie, d'où ils furent transférés au château de Ham, où ils demeurèrent jusqu'à la chute du gouvernement impérial.

On se doute bien que l'enfant avait été leur délateur. La police en avait à son service une douzaine d'une intelligence précoce, qui, sous différens prétextes, s'introduisaient parmi ceux dont on voulait connaître l'opinion. Leur âge ne pouvant inspirer aucun soupçon, on parlait librement devant eux, et leur mémoire trop fidèle et trop bien exercée, reportait à ceux qui les employaient tout ce qu'ils avaient entendu.

Imprimerie de madame Jeunehomme-Crémière,
rue Hautefeuille, n° 20.

MÉMOIRES

POUR SERVIR A LA VIE

D'UN HOMME CÉLÈBRE.

NAPOLÉON, HOMME PUBLIC.

CHAPITRE PREMIER.

NAPOLÉON SE FAIT DÉCLARER EMPEREUR.

Lorsque Bonaparte, encore premier consul, ne trouva pas ce titre suffisant à son ambition, et voulut placer sur sa tête une couronne impériale, il trouva d'abord une forte résistance dans sa propre famille. Sa mère, le cardinal Fesch et son frère Lucien, firent en vain les plus grands efforts pour le faire renoncer à cette idée. A la suite de ces débats, les deux premiers allèrent passer quelque temps à Rome. Le troisième, presqu'aussi fougueux que son frère, après une scène violente, dans laquelle il lui prédit en partie tout ce qui lui est arrivé depuis ce temps, le quitta, en lui jurant qu'il ne vivrait jamais sous son despotisme. Il partit effectivement peu de jours après avec toute sa famille, et ne revint en France que lors des Cent jours. Murat n'avait été nommé roi de Naples qu'au refus de Lucien, qui, lorsque son frère lui proposa cette couronne, lui répondit fièrement que s'il acceptait le titre de roi, il voudrait être le seul maître de son royaume, et pouvoir le gouverner, non comme un préfet soumis et comptable, mais comme un prince indépendant. Lors du mariage de l'empereur avec Marie-Louise, Lucien avait sept enfans, deux issus d'un premier mariage, et cinq, fruits de l'union qu'il avait contractée avec la veuve d'un négociant, et que Napoléon avait toujours refusé de reconnaître. A l'époque dont je parle, madame Murat, à force de prières, avait obtenu que l'aînée, qui se nomme Charlotte, fût appelée en France. Elle logeait chez la mère de l'empereur, et celui-ci dans la suite avait conçu le projet de la donner en mariage au prince des Asturies, en le rétablissant sur le trône d'Espagne. Le chanoine Escoïquitz, gouverneur de Ferdinand, fut chargé d'amener son élève à cette alliance, et l'on a publié la lettre que ce dernier écrivit à l'empereur pour lui demander sa nièce. Pour le dire en passant, cette correspondance est un monument tout-à-la-fois singulier et déplorable de fausse politique et sur-tout de pusillanimité. Ce prince maladroit et borné trouva le moyen d'avilir son malheur, qu'avec un peu plus de constance il pouvait rendre si auguste et si intéressant. Quant à Charlotte Bonaparte, on saisit d'elle une lettre à son père, dans laquelle l'oncle n'était point ménagé. On la montra à Napoléon qui, dans le premier mouvement de colère auquel il résistoit rarement, ordonna le renvoi de sa nièce.

Je reviens au projet conçu par Bonaparte de se faire déclarer empereur. L'histoire publique de la conjuration ourdie pour faire réussir ce projet est connue, et le moment n'est pas encore venu d'en donner l'histoire secrète. On n'a pas oublié que ce fut le tribun Curée qui attacha le grelot, et que parmi les défenseurs des libertés républicaines dont on disait le tribunat composé, un seul, Carnot, osa faire éclater son opposition. Quant à la résistance que Bonaparte étoit sûr de trouver dans sa famille, elle l'inquiétait peu; mais il en trouvait une plus sérieuse, ou plutôt il en trouvait deux dans la faction des jacobins et dans le parti républicain. Quelque nuance qui les divisât, le nom de *roi* et d'*empereur* était odieux aux uns comme aux autres, et ils étaient encore attachés à ce fantôme d'égalité auquel ils avaient sacrifié si long-temps. Ils n'osaient pourtant pas dire ouvertement qu'ils refusaient de reconnaître Bonaparte pour souverain, et tout en le détestant, ils le comblaient des plus basses adulations.

Ils feignirent de croire qu'il ne voulait rétablir le trône que pour en r'ouvrir le chemin aux Bourbons, et jouer en France le rôle que Monck avait joué en Angleterre. Ils motivèrent sur ce prétexte leur résistance opiniâtre ; et Cambacérès et Fouché, spécialement chargés d'aplanir les voies qui devaient conduire le premier consul au trône, lui firent connoître les craintes et la méfiance que son projet faisait naître. Il est probable que Bonaparte, qui connaissait à fond les gens qui affectaient cette inquiétude, ne fut pas dupe de leurs prétendus soupçons ; mais il voulait régner à tout prix, et il fallait pour cela leur ôter ce prétexte de résistance à ses volontés. Il résolut donc de leur donner un gage de haine irréconciliable entre les Bourbons et lui, et l'infortuné duc d'Enghien fut la victime dont sa politique fit choix. Il chargea C****** de son arrestation, et quoi qu'en ait pu dire celui-ci, il accepta cette mission, peut-être avec une répugnance secrète, mais sans hésiter. Depuis, on a rejeté sur le général Ordenner tout l'odieux de cette affaire, et M. de C****** a fait valoir en sa faveur une lettre de l'empereur Alexandre qui, naturellement indulgent, parce qu'il est magnanime, ne se doute pas, ne peut se douter des menées que l'ambition emploie pour parvenir à ses fins. Qu'on explique, sans inculper le duc de V., cette réponse de l'empereur à la reine Hortense qui le suppliait avec larmes de laisser la vie à l'infortuné duc d'Enghien. Parmi les vives instances qu'elle adressait à son beau-père, elle lui dit que la mort de ce prince déshonorerait C***** qui ayant été le compagnon de son enfance, et devant tout à la maison de Condé, avait été l'arrêter en pays étranger : Que ne m'en a-t-il informé, répondit Bonaparte, j'en aurais chargé un autre.

Dans un pamphlet devenu célèbre à bien des titres, on a fort bien saisi les motifs qui déterminèrent la marche de cette déplorable affaire. Voici ce qu'on y fait dire à Bonaparte ; et si ce n'est pas textuellement ce qu'il a dit, c'est du moins ce qu'il pensait ; j'en ai eu cent preuves par devers moi.

« Les royalistes, dit-il, tout-à-fait oubliés depuis la pacification de la Vendée, reparaissaient ainsi sur l'horison politique. C'était une conséquence naturelle de l'accroissement de mon autorité : je refaisais la royauté ; c'était chasser sur leurs terres.

» Ils ne se doutaient point que ma monarchie n'avait point de rapport avec la leur. La mienne était toute dans les faits ; la leur, toute dans ce qu'ils appelaient leurs droits. La leur n'était fondée que sur des habitudes ; la mienne s'en passait, marchant en ligne avec le génie du siècle. La leur tirait à la corde pour le retenir.

» Les républicains s'effrayaient de la hauteur où me portaient les circonstances : ils se défiaient de l'usage que j'allais faire de ce pouvoir. Ils redoutaient que je remontasse une vieille monarchie à l'aide de mon armée. Les royalistes fomentaient ce bruit, se plaisaient à me présenter comme un singe des anciens monarques ; d'autres royalistes, plus adroits, répandaient sourdement que je m'étais enthousiasmé du rôle de Monck, et que je ne prenais la peine de restaurer le pouvoir que pour en faire hommage aux Bourbons, lorsqu'il serait en état de leur être offert.

» Les têtes médiocres qui ne mesuraient pas ma force, ajoutaient foi à ces bruits. Ils accréditaient le parti royaliste, et me décriaient dans le peuple et dans l'armée ; car ils commençaient à douter de mon attachement à leur cause. Je ne pouvais pas laisser courir une telle opinion, parce qu'elle tendait à nous désunir. Il fallait à tout prix détromper la France, les royalistes et l'Europe, afin qu'ils sussent à quoi s'en tenir avec moi. Une persécution de détails contre des propos ne produit jamais qu'un mauvais effet, parce qu'elle n'attaque pas le mal à sa racine. D'ailleurs ce moyen est impossible dans ce siècle de sollicitations, où l'exil d'une femme (Madame de Staël) remua toute la France.

» Il s'offrit malheureusement à moi, dans ce moment décisif, un de ces coups du hasard qui détruisent les meilleures résolutions. La police découvrit de petites menées royalistes dont le foyer était au-delà du Rhin. Une tête auguste s'y trouvait impliquée. Toutes les circonstances de cet événement quadraient d'une manière incroyable avec celles qui me portaient à tenter un coup d'Etat. La perte du duc d'Enghien décidait la question qui agitait la France : elle décidait de moi sans retour. Je l'ordonnai, ou plutôt j'y consentis.

» Un homme de beaucoup d'esprit, et qui doit s'y connaître, a dit de cet attentat, que c'était plus qu'un crime, que c'était une faute. N'en déplaise à ce personnage, c'était un crime (s'il en est en politique, s'il en pouvait être dans ma situation), et ce n'était pas une faute : je sais fort bien la valeur des mots. Le délit de ce malheureux Prince se bornait à des intrigues avec quelques vieilles baronnes de Strasbourg. Il jouait son jeu : ces intrigues ne menaçaient ni la sûreté de la France, ni la mienne. Il a péri victime de la politique et d'un concours inouï de circonstances. »

— Après avoir analysé la conspiration de Georges et de Pichegru, conspiration dans laquelle on embarrassa l'amour-propre de Moreau; après avoir prouvé qu'après l'assassinat du duc d'Enghien, qui avait été son gage aux jacobins, cette conspiration lui avait servi de ressort commun contre les divers partis, Bonaparte explique ainsi la fondation du nouveau système monarchique :

« Mon autorité s'accrut, parce qu'on l'avait menacée. Il n'y avait rien de prêt en France pour une contre-révolution. Elle ne voyait, dans les menées des royalistes, qu'un moyen de lui apporter la guerre civile et l'anarchie. Elle voulait s'en préserver à tout prix, et se rapprochait de moi, parce que je promettais de l'en garantir. Elle voulait dormir à l'abri de mon épée. Le vœu public (l'histoire ne me démentira pas), le vœu public m'appelait à régner sur la France.

» La forme républicaine ne pouvait plus durer, parce qu'on ne fait pas des républiques avec de vieilles monarchies. Ce que voulait la France, c'était sa grandeur : pour en soutenir l'édifice, il fallait anéantir les factions, consolider l'œuvre de la révolution, et fixer sans retour les limites de l'État. Seul, je promettais à la France de remplir ces conditions : la France voulait que je régnasse sur elle.

» Je ne pouvais pas devenir roi ; c'était un titre usé : il portait avec lui des idées reçues. Mon titre devait être nouveau comme la nature de mon pouvoir. Je n'étais pas l'héritier des Bourbons : il fallait être beaucoup plus pour s'asseoir sur leur trône. Je pris le nom d'empereur, parce qu'il était plus grand et moins défini.

» Jamais révolution ne fut aussi douce que celle qui renversa cette république pour laquelle on avait répandu tant de sang. C'est qu'on maintenait la chose : le mot seul était changé. C'est pourquoi les républicains n'ont pas redouté l'empire : d'ailleurs, les révolutions qui ne déplacent pas les intérêts sont toujours douces.

» La révolution était enfin terminée : elle devenait inébranlable sous une dynastie permanente et qui en embrassait toutes les conséquences, en en protégeant tous les intérêts. (1)

» La république n'avait satisfait que des opinions ; l'empire, sans offenser les opinions, garantissait les intérêts.

» Ces intérêts étaient ceux de l'immense majorité, parce qu'avant tout, les institutions de l'empire garantissaient l'égalité. La démocratie y existait de fait et de droit. La liberté seule y avait été restreinte, parce qu'elle ne vaut rien pour les temps de crise. Mais la liberté n'est à l'usage que de la classe éclairée de la nation : l'égalité sert à tout le monde. C'est pourquoi mon pouvoir est resté populaire, même dans les revers qui ont écrasé la France.

---

(1) Cette phrase si importante, qu'elle est décisive, a été supprimée dans l'ouvrage cité ; on la rétablit ici en faveur du gouvernement, qui peut y chercher un avis utile, et par égard pour l'opinion qui y trouvera une satisfaction nécessaire.

» Mon autorité ne reposait pas, comme dans les vieilles monarchies, sur un échafaud de castes et de corps intermédiaires ; elle était immédiate et n'avait d'appui que dans elle-même, car il n'y avait dans l'empire que la nation et moi. Mais dans cette nation, tous étaient également appelés aux fonctions publiques. Le point de départ n'était un obstacle pour personne. Le mouvement ascendant était universel dans l'Etat. Ce mouvement a fait ma force.

» Je n'ai pas inventé ce système : il est sorti des ruines de la Bastille. Il n'est que le résultat de la civilisation et des mœurs que le temps a données à l'Europe. On essaiera en vain de la détruire ; il se maintiendra par la force des choses, parce que le fait finit toujours par se placer là où est la force.

» Or, la force n'était plus dans la noblesse, depuis qu'elle avait permis au tiers-état de porter les armes, et qu'elle n'avait plus voulu être la seule milice de l'Etat.

» La force n'était plus dans le clergé, depuis que le monde était devenu protestant, en devenant raisonneur.

» La force n'était plus dans les gouvernemens, précisément parce que la noblesse et le clergé n'étaient plus en état de remplir leurs fonctions, c'est-à-dire d'appuyer le trône. La force n'était plus dans les routines et les préjugés, depuis qu'on avait démontré aux peuples qu'il n'y avait ni routines ni préjugés.

» Il y avait dissolution dans le corps social long-temps avant la révolution, parce qu'il n'y avait plus de rapports entre les mots et les choses. La chute des préjugés avait mis à nu la source des pouvoirs. On avait découvert leur faiblesse. Ils sont tombés en effet à la première attaque.

» Il fallait donc refaire l'autorité sur un autre plan. Il fallait qu'elle se passât du cortége des habitudes et des préjugés; il fallait qu'elle se passât de cet aveuglement qu'on appelle la foi. Elle n'avait hérité d'aucuns droits; il fallait donc qu'elle fût en entier dans le fait, c'est-à-dire dans la force. »

CHAPITRE II.

QUARTIER-GÉNÉRAL DE NAPOLÉON.

Honorons du nom de persévérance le sentiment qui a conduit Napoléon, d'abord à la gloire, ensuite à la fortune, puis au pouvoir, et eu résultat à sa chute; dans un simple particulier, et pour des motifs moins importans, ce sentiment se nommerait opiniâtreté. Oui, l'opiniâtreté, l'entêtement ont été les principaux mobiles de cet homme extraordinaire. Son ambition, dont ses premières années montrèrent le germe, se changea peu à peu en tendance, plus ou moins marquée, vers le despotisme; et ce ressort, dont l'intensité s'accroît par le développement, se fortifia par la résistance inflexible de l'Angleterre. Les erreurs de Napoléon viennent d'abord de la haine qu'il portait au gouvernement de ce pays, et de l'idée exagérée que jamais il ne devait dicter la loi à la France. Nous disons l'idée exagérée, au moins dans ses moyens, car sa source est noble, patriotique et juste; mais eût-elle dû le conduire à l'envahissement du continent, à la suppression de tous rapports de l'Angleterre avec l'Europe, à l'élévation d'une barrière que des intérêts privés faisaient fléchir à tous momens, et dont la nature des choses elle-même a rendu la permanence impossible? L'Angleterre aussi constante, mais plus circonspecte, est parvenue à brider cette ambition qui semblait n'avoir point de bornes, tandis que les autres gouvernemens, plus ardens et moins unis, l'ont favorisée par leurs fautes autant que par leurs malheurs. En profitant de ces malheurs et de ces fautes, Napoléon a fort bien compris qu'il se frayerait un vaste chemin à une gloire jusqu'alors inouie. Pourquoi cette persuasion, après lui avoir suggéré tant de manœuvres astucieuses, l'a-t-elle conduit à une ruine totale? C'est qu'il a forcé des adversaires à confondre leurs intérêts, des ennemis à s'embrasser. *Que vouliez-vous qu'il fît contre trois?*

En rectifiant quelques erreurs échappées au baron d'Odeleben, l'un des officiers-généraux de l'armée saxonne; en y ajoutant nombre de détails que notre position ou nos relations nous ont mis à même de nous procurer, nous croyons pouvoir offrir l'idée exacte de Napoléon guerrier, ou pour parler plus exactement, de Napoléon au camp. Cette vie publique et solennelle a aussi son côté anecdotique, et, laissant les grandes combinaisons aux pinceaux de l'histoire, c'est ce côté que nous présenterons à la curiosité, à l'intérêt des lecteurs.

Les premières entreprises de Napoléon, comme général, calculées mathématiquement d'après les principes de Carnot, furent heureusement exécutées. Il se permit pourtant quelques déviations des règles qui forment la base des lignes d'opérations; mais, malgré ses fautes, il réussit à vaincre, soit par la supériorité de ses forces, soit par le concours des circonstances. Ses succès le rendirent toujours plus hardi : son système d'attaque devint de moins en moins régulier, jusqu'à ce que la campagne de Moscow découvrit qu'il comptait plus souvent sur son étoile que sur les principes solides de l'art de la guerre. Livré aux calculs mathématiques, dont il s'occupa un an, avant de commencer la guerre contre la Russie, il négligea de pourvoir aux besoins physiques de ses troupes; et cette négligence devint la source de tous les malheurs qui ont accablé son armée jusqu'à son entière expulsion du sol germanique.

Napoléon était toujours occupé des calculs géographiques : d'un coup-d'œil exercé il relevait avec une facilité surprenante la distance des temps et celle des lieux, d'où dépendait la combinaison des marches de ses armées sous le rapport stratégique et tactique. Mais la précision des marches exécutées sous les ordres de ses généraux, l'habitua à voir tous les siens accomplis, et lui fit croire qu'il satisferait aussi aisément à tous les besoins de l'armée. Son ton de dictateur lui paraissait devoir suffire pour procurer du pain et de la viande, comme pour réunir son armée sur un point déterminé.

Une des manœuvres les mieux calculées de Napoléon, et l'une de celles qui ont le mieux réussi, fut la marche du général Bertrand, qui vint d'Italie en Saxe par la route de Nuremberg. Cette marche contribua sans doute au brillant succès qui couronna le commencement de la campagne de Saxe. La marche du maréchal Ney, après la bataille de Bautzen, a été basée sur une disposition également sage et bien calculée. Après la dénonciation de l'armistice, ces marches brillantes et dignes d'éloges devinrent plus rares, parce que Napoléon étant réduit à la défensive, et resserré sur un espace de terrain moins étendu, devait se porter tantôt sur un point, tantôt sur un autre. On vit alors combien sa position était incertaine. Lorsqu'il se flattait de pouvoir faire quelque grand coup, il le tentait avec une telle masse de forces, qu'il ne pouvait plus guère prétendre aux efforts du génie qui distinguent un capitaine expérimenté. Cette dernière partie de la campagne n'est pas honorable pour lui, parce qu'il comptait aveuglément sur les fautes que l'ennemi pourrait commettre; et se fiant à sa propre habileté, il persista opiniâtrément dans sa première idée, sans réfléchir sur sa mauvaise position, qui menaçait d'une ruine totale l'armée et son chef.

Les maréchaux et les généraux de Napoléon étaient accoutumés à se voir lancés d'un endroit à l'autre, et généralement à se sacrifier à sa volonté. Il n'y avait pas long-temps que Soult avait fait venir ses meilleurs chevaux du fond de l'Espagne en Saxe. Pendant l'amnistie, sa femme était venue de Paris à Dresde; et deux jours après, Napoléon, informé de la marche rétrograde de ses troupes, de Vittoria jusqu'aux frontières de France, ordonna inopinément à Soult de reprendre le commandement de l'armée d'Espagne. Ce maréchal, obligé de partir la nuit suivante, vendit ses chevaux, ses mulets, ses équipages et congédia tout son monde. Les officiers composant son état-major, se trouvèrent dans le même cas. Après y avoir séjourné trois jours, la duchesse fut obligée de quitter la belle ville de Dresde. On ne se fait pas d'idée des fatigues et des peines endurées par les adjudans, secrétaires, officiers d'ordonnance, enfin par tous ceux qui entouraient Napoléon, depuis le grand écuyer, jusqu'au dernier de ses valets. Caulincourt pouvait être appelé l'infatigable. Comme lui, tous les autres devaient se tenir prêts, et même en habits élégans, pour le service de Napoléon, à chaque heure et à chaque instant.

Dans le palais habité par l'empereur, tout était en désordre, encombré et sens dessus dessous. Outre les appartemens qu'il occupait lui-même, son cabinet, son sallon de service, les salles à manger pour son monde, il y avait une chambre et un cabinet de travail pour Berthier; par conséquent, les agens même de Napoléon se trouvaient souvent à la gêne. Un homme d'une naissance illustre, tel que le général Narbonne, qui, étant ambassadeur à Vienne, tenait une très-brillante maison, fut obligé, pendant la dernière moitié d'une campagne (celle de Saxe), de coucher sur la paille ou sur deux chaises, dans l'antichambre de l'empereur, où il faisait le service d'adjudant. En cette qualité, il devait toujours être là pour l'éveiller jusqu'à sept ou huit fois par nuit, lorsque quelques dépêches ou quelques rapports importans exigeaient qu'il en fût informé sans délai. Dans cette antichambre, tous ceux qui étaient de service couchaient sur la paille : il y avait deux adjudans, dont chacun avait un adjudant à lui, chargé des commissions, et qui servaient alternativement; de plus un écuyer, deux officiers d'ordonnance, deux pages; et souvent, lorsque tout le monde était dans l'attente d'une marche pressée ou d'une bataille, l'antichambre était remplie de tous ceux qui pouvaient être appelés par Napoléon.

Cette antichambre ressemblait au ventre du cheval de Troye. Rustan, le mameluck que Bonaparte a amené d'Egypte, couchait toujours par terre, près de la chambre de Napoléon, et ordinairement à l'entrée et en travers de la porte. Cet homme n'était réellement que son palefrenier, qui le suivait par-tout, comme Sancho Pança suivait Don Quichotte, avec la différence que Rustan ne pansait pas son cheval et qu'il avait autant de relais que l'Empereur lui-même. Lorsque celui-ci montait à cheval, Rustan était derrière lui avec la capote, le manteau et le porte-manteau de Sa Majesté ; de plus, une couverture de taffetas gommé pour son propre usage. Il habillait et déshabillait Napoléon, et le servait quelquefois à table. On lui faisait trop d'honneur, si l'on croyait qu'il jouît de quelque confiance, ou qu'il occupât un certain rang. Caulincourt et les plus anciens serviteurs de Napoléon le tutoyaient, et il vivait avec les domestiques les plus considérés de la maison impériale. Cet homme, qui est devenu Français, et qui a épousé une parisienne dont le portrait est toujours sur son cœur, a une physionomie qui annonce la franchise ; ses grands yeux noirs expriment la cordialité et la bonhomie, qui semblent justifier la confiance que Napoléon lui accorda, en comptant entièrement sur sa fidélité. Cependant Rustan n'a pas suivi son maître à l'île d'Elbe, lorsque celui-ci fut précipité du trône de sa gloire. Ce fut, dit-on, par crainte de la mauvaise humeur que cette résidence pourrait inspirer à Napoléon, et par la prédilection que ce mameluck a pour l'agréable séjour de Paris.

Il y avait, en outre, au quartier-général, une façon de mameluck natif de Versailles, destiné aussi au service de l'empereur. Il était habillé comme Rustan ; mais l'habit ne fait pas le moine, et celui-ci n'avait de l'autre aucune de ses qualités originales. Il était comme en réserve auprès d'une division du service de Bonaparte ou de la cour, tandis que Rustan appartenait à la personne même de l'empereur.

Parler du cabinet de Napoléon, c'est indiquer, pendant une campagne, la pièce la plus convenable de la maison, laquelle servait d'habitation et de lieu de travail pour lui et pour ses secrétaires. Il y attachait plus d'importance qu'à la pièce qu'il habitait lui-même. Lorsque Napoléon bivouaquait auprès de ses troupes, il y avait tout près de sa propre tente une autre tente destinée pour le cabinet, et toujours disposée avec la plus minutieuse exactitude. Au milieu de la chambre était une grande table, sur laquelle on déployait la meilleure carte du théâtre de la guerre: pour la Saxe, par exemple, c'était celle de Pétri, parce que Napoléon s'y était accoutumé en 1806, et qu'il l'estimait beaucoup. Il se servait aussi quelquefois de celle de Blanckemberg. Quant à la première, c'était encore le même exemplaire. On l'orientait avant qu'il fût entré dans le cabinet : on y enfonçait des épingles à têtes de plusieurs couleurs, pour marquer les différens corps d'armée ou ceux de l'ennemi. C'était l'affaire du directeur du bureau topographique, qui travaillait toujours avec Napoléon, et qui avait une parfaite connaissance des positions. Si cette carte n'était pas prête, on devait la chercher immédiatement après l'arrivée de l'Empereur ; car c'était la chose à laquelle il tenait plus qu'aux autres besoins de la vie. Pendant la nuit, la carte était entourée de vingt à trente chandelles, entre lesquelles il y avait un compas. Lorsque l'Empereur montait à cheval, le grand-écuyer Caulincourt portait la carte nécessaire sur la poitrine ; elle y était attachée par un bouton, afin qu'étant toujours à côté de ce Prince, il la lui présentât toutes les fois que Napoléon disait : *la Carte* !

Aux quatre coins de ce sanctuaire, il y avait, lorsqu'on pouvait en trouver, de petites tables sur lesquelles travaillaient les secrétaires de Napoléon, quelquefois Napoléon lui-même et son directeur du bureau topographique. Ordinairement il leur dictait étant tout-à-fait habillé, en uniforme vert, très-souvent avec le chapeau sur la tête, et se promenant dans l'appartement. Etant accoutumé à voir exécuter avec une incroyable célérité tout ce qui sortait de sa tête, personne n'écrivait assez vîte pour lui, et ce qu'il dictait devait être écrit en chiffres. Il est inconcevable comme il dictait vîte, et comme ses secrétaires avaient acquis la capacité de le suivre en écrivant. Il y en avait un tout jeune qui les surpassait tous en vîtesse; et ce qui contrariait les autres, c'était la crainte que Napoléon n'en exigeât autant d'eux. Ces chiffres n'étaient que des hiéroglyphes. Une queue de dragon indiquait souvent toute l'armée française; un fouet, le corps de Davoust; une épine, le royaume d'Angleterre; une éponge, les villes commerçantes, etc. Napoléon avait un talent particulier pour déchiffrer ces caractères : ce qui devait lui être facile, leur sens ayant été fixé par lui-même. Mais cela n'était que le quart de la besogne; les secrétaires devaient ensuite commencer à déchiffrer ce *brouillamini*, mot par mot, et l'arranger d'après le sens que les phrases exigeaient. La chose n'était rien moins que facile, lorsqu'il était question d'ordres un peu étendus, d'autant moins qu'il n'y avait que quatre secrétaires employés à toutes les expéditions militaires, diplomatiques et politiques, qui émanaient directement de lui; comme dirigeant toute la grande machine. Aussi devaient-ils s'accoutumer à différentes sortes de travaux, regardant tantôt la politique, tantôt la tactique. Autant que j'ai pu en être informé, il y en avait toujours deux travaillant au cabinet près de lui, et chargés de l'expédition. Il arrivait, par exemple, un rapport d'un maréchal commandant en Allemagne ; et au même moment il lui venait dans l'idée de faire réponse à une dépêche venant d'Espagne, ou de rédiger un traité sur la politique, ou bien une note diplomatique, ou enfin de donner des dispositions sur ce qui regarde la justice ou un autre objet quelconque : alors un secrétaire devait se soumettre à écrire un A B C pour le roi de Rome ou à copier les positions de vingt brigades des différens corps d'armée, qui toutes lui étaient parfaitement connues. C'était un travail bien pénible pour celui qui n'en connaissait pas l'ensemble, l'origine et les détails comme celui qui l'avait composé. Ces secrétaires vivant toujours dans la sphère de cet homme extraordinaire, dont l'esprit volcanique enfantait mille idées diverses, étaient comme des fils qui se rattachaient aux départemens administratifs et de la guerre, du duc de Bassano, du prince de Neuchâtel, ainsi qu'à toutes les autres autorités de France, auxquelles les ordres de Napoléon parvenaient directement. Il est étonnant qu'avec si peu de monde Napoléon ait peu suffire à une foule d'affaires sans en déranger la marche régulière. Je ne calcule point ici les défauts, en fait d'administration, résultant de la négligence des autorités subalternes. Je ne parle que des travaux qui devaient passer par le cabinet, et qui semblaient exiger un plus grand nombre de travailleurs. Mais peu suffisaient, grâces à la méthode simple et laconique à laquelle étaient accoutumés les alentours de Napoléon : peu de mots, un signe, un trait fournissaient la matière à ces travaux très-détaillés, dont on chargeait les autres, et l'on ne travaillait au cabinet que sur les objets d'un intérêt particulier pour Napoléon. Ces objets concernaient surtout la politique et les fortifications. Il connaissait très-particulièrement les positions des armées, la composition des différentes masses, leur combinaison et leur emploi ; mais les ordres du détail étaient l'affaire de Berthier qui les faisait exécuter par son nombreux état-major.

Un style serré dans la rédaction et une sérieuse attention aux différens objets contribuaient naturellement à leur prompte expédition. Du moins les secrétaires de Napoléon étaient accoutumés à une marche rapide, laquelle s'étendait même sur des objets insignifians, qui parvenaient ou pouvaient parvenir à sa connoissance. Lorsqu'il avait entendu un rapport, ou arrêté quelque chose, on pouvait être sûr que dans quelques jours l'expédition en était faite.

La marche des affaires allait d'un si bon train, que dans celles qui devaient passer par plusieurs bureaux, on pouvait même fixer le jour où tel et tel objet serait terminé. Sans doute, c'est beaucoup pour un quartier-général, lorsqu'il s'agit de choses d'un intérêt secondaire et étrangères aux ordres stratégiques. Cette rapidité provenait du caractère bouillant et violent de Napoléon. Il y avait des momens où tout le monde était dans une attente silencieuse et triste ; et ce morne silence préludait à quelqu'orage prêt à éclater de la part de Napoléon, dont la colère annonçait visiblement une disgrâce. Alors chacun épiait le moment où le coup allait tomber, et quelquefois l'état d'incertitude durait toute une demi-journée.

On ne voyait dans le cabinet de Napoléon ni archivistes, ni registrateurs, ni greffiers. Il y avait un gardien du portefeuille. On avait choisi pour cette place l'homme le plus calme de toute la France. Au milieu des alarmes de la guerre, sa manière de vivre était simple et tranquille, mais aussi des plus ennuyeuses. Une fidélité éprouvée pendant un grand nombre d'années lui assurait cette place. Du reste, il portait livrée comme les serviteurs d'un rang inférieur et était au rang des valets de chambre ; il avait l'inspection des gros portefeuilles du cabinet, de toutes les caisses et caissons de l'archive, auquel appartenait le bureau topographique. Jamais il ne quittait la porte du cabinet, à moins qu'il n'y fût remplacé pour cause de maladie. Il lui fallait pour remplir cette place une forte constitution ; car nuit et jour il devait être à son poste, Napoléon s'éveillant souvent, et se mettant sur-le-champ au travail. D'ailleurs, cette petite place n'était pas difficile à remplir. En voyage, ce gardien était devant l'un des fourgons du cabinet, ou sur l'un des deux qui dépendaient du bureau topographique.

Deux chasseurs de la garde à cheval étaient destinés à transporter les travaux géographiques d'un intérêt secondaire : on les appelait chasseurs du portefeuille. Ils étaient choisis chaque fois pour ce poste d'honneur par l'officier de service de la même arme ; et l'aide de camp de service leur remettait le portefeuille. Ils suivaient immédiatement l'adjudant, ou les autres personnes qui étaient le plus près de Napoléon, soit qu'il fût à cheval ou en voiture ; et ne perdant jamais de vue leurs fonctions, ils renversaient sur leur passage tous ceux qui auraient pu les éloigner d'un pas du poste qui leur était assigné.

En général, ceux qui devaient suivre Napoléon étaient accoutumés à garder leur poste avec la persévérance la plus opiniâtre ; c'était l'effet de la rigueur que mettait le grand écuyer Caulincourt à les surveiller ; sa surveillance s'étendait sur toutes les branches de la maison impériale. Après la mort du grand-maréchal Duroc, tous les ordres concernant la marche, le séjour, les écuries, les relais, la cuisine, les domestiques, et particulièrement les courriers et les estafettes, venaient de Caulincourt. C'était lui qui avait les clefs des malles que les courriers apportaient ; il les ouvrait et remettait à Napoléon tout ce qui le concernait, soit en marche, soit qu'il eût assis son quartier-général. Un courrier arrivait-il tandis qu'on était en marche, Caulincourt descendait de cheval à la hâte, conduisait le courrier à l'écart, ouvrait la malle, courait après la voiture de Napoléon, lui remettait les dépêches ; après quoi on voyait une quantité d'enveloppes sortir des deux côtés de la voiture. Ces papiers tombaient quelquefois sur les chevaux qui bordaient les deux côtés du carosse : car, lorsque Napoléon voyageait en voiture, on y fourrait tous les papiers qu'il n'avait pas eu le temps de lire dans son cabinet. Il s'amusait à les parcourir lorsqu'il était en plein air, si la position du pays lui était connue ou indifférente. Tous les rapports inutiles étaient coupés et jetés par la portière. Berthier était chargé de les couper et il le faisait de manière qu'il fût difficile d'en réunir les morceaux ; mais quand Napoléon avait peu de chose à faire, il se chargeait lui-même de cette besogne, ne pouvant rester sans rien faire.

Berthier l'accompagnait toujours, et lorsqu'il ne pouvait le suivre, Murat ou Caulincourt le remplaçait. Lorsque Napoléon n'avait rien à dire à son compagnon de voyage, il jouait avec la houpe de sa voiture, et quand il se lassait de cet exercice il s'endormait ; mais pour éviter l'ennui, lorsqu'il n'y avait que peu ou pas de dépêches importantes, on remplissait toute la voiture de journaux et écrits périodiques, qu'on envoyait de Paris. A peine les avait-il parcourus rapidement, qu'ils avaient le sort des enveloppes et volaient par la portière : quelquefois c'étaient des romans nouveaux; et comme ce genre de lecture ne pouvait pas lui convenir long-temps, dès que l'ennui commençait à se faire sentir, l'ouvrage faisait le saut et était promptement ramassé par les curieux de suite, qui, moins dédaigneux que leur maître, faisaient grand cas de ses rebuts.

Le grand écuyer Caulincourt songeait avec un zèle inexprimable à tous les besoins de Napoléon. Il s'acquittait de cette tâche pénible avec une exactitude et une attention que rien n'égalait; une activité sans bornes était la principale de ses qualités, et malgré la quantité de commissions politiques et autres affaires dont il était chargé par Bonaparte, il lui restait toujours assez de temps pour entrer dans les détails les plus minutieux de ce qui concernait l'économie de la maison impériale, et pour y donner tous les soins possibles.

Il avait le talent de dire tout en peu de mots, et avait un seul secrétaire. Lorsqu'il avait passé la nuit avec Napoléon, il était encore le premier à son poste : tout le monde était forcé de suivre cet exemple, et l'ordre et l'exactitude régnaient ainsi dans le service le plus compliqué.

Duroc néanmoins plaisait davantage à Napoléon. Caulincourt avait quelque chose de froid et de cérémonieux qui gênait l'empereur ; cependant le duc de Vicence parla toujours avec hardiesse à son souverain ; il ne lui cachait rien de ce que les autres n'osaient dire de peur de s'attirer une disgrâce ; mais à cette habitude de lui dire la vérité, il joignait une manière de rendre des hommages, soit en paroles, soit en actions, qu'il portait à l'exagération. Il était très-aimé de l'armée, et était l'organe de tous les malheureux.

Le directeur du bureau topographique fut longtemps le colonel Bacler d'Albe. Ses grandes connaissances géographiques, son amour pour le travail, et de longs et importans services, lui valurent la confiance de l'empereur ; mais cette confiance l'avait rendu l'esclave des volontés du souverain. Napoléon le faisait appeler sans cesse, soit de nuit, soit de jour ; mais il ne pouvait disposer d'un quart d'heure : sa vie était consacrée à une activité pénible. Heureusement, sa manière de vivre était parfaitement d'accord avec cette continuelle application. Il était chargé principalement de la rectification des cartes, de la combinaison et de la préparation des matériaux, de la fixation des marches, et de toutes les lignes d'opérations très-étendues. Napoléon s'exprimait en peu de mots ; M. d'Albe le comprenait et exécutait à sa manière et avec indépendance la tâche qui lui était imposée. L'habitude d'être sans cesse avec l'empereur, lui avait donné le droit de prendre un ton qui eût causé la disgrâce de tout autre, et jamais Napoléon n'en fut choqué. Malgré ses longs et importans services, M. d'Albe, qui avait les droits les plus incontestables de prétendre aux emplois supérieurs, n'obtint jamais d'avancement : Napoléon, qui en avait besoin, semblait vouloir le garder toujours; et pour ne pas exciter son ambition, il le laissa dans une sorte d'abaissement. En lui accordant sa confiance, il se croyait dispensé d'avoir pour lui les moindres égards. M. d'Albe avait sous lui deux officiers de génie. Ces trois individus, quatre secrétaires intimes et le premier officier d'ordonnance, formaient une espèce de conseil privé, qui était séparé de toutes les autres branches de la maison impériale. Comme leurs attributions émanaient directement de la personne de Napoléon, et suivaient une marche particulière, ils avaient toujours une table séparée au palais, pour la facilité de leurs communications.

Ordinairement le prince de Wagram seul mangeait avec l'empereur, à moins que Murat ou le vice-roi d'Italie ne fussent au quartier-général. Si Berthier était malade, le grand-écuyer le remplaçait. On servait toujours douze ou seize plats, mais l'empereur buvait et mangeait très-sobrement. Berthier lui versait à boire : il parlait fort peu durant le repas. Rustan servait.

Tout ce qui se passait au quartier-général se faisait à l'improviste, et cependant chacun devait être prêt sur-le-champ à remplir sa tâche. Des momens de repos inattendus, des départs inopinés, les changemens des heures fixées, et souvent aussi celui des routes et des séjours, se succédaient continuellement : lors même que le grand-écuyer en avait quelqu'indice, l'exécution n'était jamais telle qu'on l'avait prévu. Les affaires, les rapports, les estafettes qui arrivaient, étaient la pendule d'après laquelle Napoléon distribuait son temps ; et au moment où l'on croyait prendre quelque repos, le mot *la voiture* ou *à cheval* retentissait tout-à-coup, et mettait tout le quartier-général en mouvement : en dix minutes tout devait être prêt. La marche était toujours rapide, et chacun devait garder son poste : la pluie, l'orage, les frimas, rien ne changeait les dispositions ordonnées. Lorsque Napoléon s'arrêtait, quatre chasseurs du front de l'escorte mettaient pied à terre, accrochaient la baïonnette au bout de leurs carabines, présentaient les armes, et se mettaient en carré autour de lui. On en faisait autant lorsqu'un besoin physique l'obligeait de descendre, ou qu'il s'arrêtait pour faire un tour à pied, afin d'observer l'ennemi ; mais dans ce dernier cas, le carré était plus grand et avançait avec lui selon ses mouvemens, mais sans gêne, afin qu'étant dans un espace libre, il pût observer dans toutes les directions. Si les objets étaient éloignés, le page de service avançait et apportait le grand télescope que Bonaparte posait sur les épaules de celui-ci, ou sur celles de M. de Caulincourt.

Lorsque les circonstances l'obligeaient à rester, soit de grand matin, soit le soir, pendant quelque temps, en plein air, on allumait un grand feu. Ce feu était toujours nourri par une quantité de bois extraordinaire : quelquefois j'y ai vu des arbres entiers. Berthier était là, comme à table, son seul compagnon. Ils se promenaient en causant, et quand l'empereur commençait à s'ennuyer, il prenait du tabac, ou s'amusait à lancer çà et là des cailloux avec les pieds, ou à pousser du bois vers le feu.

Quand les troupes avaient exécuté, ou allaient entreprendre quelqu'entreprise importante, Napoléon accordait un certain nombre de croix de la légion d'honneur pour ceux qui pouvaient s'être distingués. Les prétendans se rangeaient au front de chaque bataillon : le colonel les lui présentait, et l'adjudant de service portait le nom et le grade de ceux qui étaient décorés sur ses tablettes, pour les faire inscrire à la chancellerie. Si les soldats avaient quelques réclamations à faire, ils pouvaient hardiment se présenter et parler à leur souverain : justice leur était rendue sur-le-champ.

La distribution des récompenses n'était pas le

seul indice que l'armée eût des combats qu'elle allait livrer : on s'attendait toujours à quelqu'affaire bien chaude, lorsque l'on voyait quelque nouveau bataillon recevoir son aigle, ou Napoléon haranguant les corps qu'il passait en revue.

Quand il s'agissait de remettre une aigle, Napoléon, accompagné de son état-major, se rendait au quartier du régiment qui devait la recevoir. Celui-ci se formait en trois colonnes serrées, trois fronts tournés vers le centre. Le quatrième front était formé par la suite de Napoléon : tous les officiers étaient assemblés devant lui, il se tenait isolé de sa suite, et dans les dernières campagnes il était toujours revêtu d'une simple capote verte et monté sur une jument couleur chamois, son cheval favori de campagne. On le distinguait d'autant plus facilement à la simplicité de sa mise, que tous ceux qui l'environnaient, contrastaient avec lui par leurs brillans uniformes bleus, richement brodés en or.

Le prince de Wagram, et en son absence le duc de Vicence, mettait pied à terre et faisait déployer le drapeau, qui était porté devant les officiers assemblés ; tous les tambours du régiment battaient au champ, jusqu'à ce que Berthier eût pris l'aigle et se fût placé devant le rang des officiers. Alors Napoléon haranguait.

Napoléon ayant remarqué dans la campagne de Saxe que, dès que l'ennemi apercevait une suite nombreuse à portée de canon, il y faisait diriger le feu de son artillerie, il ordonna qu'à l'exception de treize personnes qui ne devaient pas le quitter, tout son état-major et son escorte devaient rester en présence de l'ennemi, ou au moins à trois cents toises de sa personne. Où il y avait beaucoup de danger l'empereur allait en avant, suivi seulement de Berthier ou Caulincourt, et d'un page : il mettait alors pied à terre pour faire ses observations, et renvoyait les chevaux près de quelque tertre ou de quelque maison, pour n'être pas remarqué. Le moment où il s'éloignait était ordinairement le signal d'une canonnade, soit que l'ennemi se fût aperçu que Napoléon était là avec sa suite, ou que lui-même fît venir de l'artillerie par des détours pour la faire agir sur le point qu'il venait de visiter.

Le service le plus fatiguant du quartier-général était celui des officiers d'ordonnance ; il était très-honorable et très-recherché. Il était fait par des jeunes gens appartenant aux premières familles de France, mais ils étaient plus remarquables encore par leur brillante éducation. Il y en avait toujours deux de service près de l'empereur ; mais un jour de bataille il se servait de tous indistinctement. Dès qu'il prononçait : *un officier d'ordonnance*! le premier prêt s'avançait, recevait ses ordres de vive voix, et devait, à travers tous les obstacles, les aller rendre de même aux maréchaux d'empire. Souvent ils étaient envoyés en courriers, avec des ordres pour des généraux commandant un corps, et ils étaient près de lui jusqu'à ce qu'une affaire décisive eût eu lieu, après laquelle ils devaient retourner vers Napoléon, pour l'en informer, soit de vive voix, soit par écrit. D'autres fois, ils étaient envoyés en reconnaissance, pour lever au coup-d'œil les plans de quelque terrain, à peu de distance, qui étaient intéressans à connaître, soit pour les rivières qu'on y devait passer, soit pour les retranchemens qu'on y devait élever. La plupart de ces jeunes gens étaient choisis dans le corps de l'artillerie ou dans celui du génie; il y en eut quelques-uns de choisis dans la cavalerie. Ils devaient être douze, et par suite ils passaient dans un régiment avec le grade de chef d'escadron.

Quatre pages suivaient le quartier-général : ils avaient chacun leur jour de service, qui consistait à amener le cheval de Napoléon, à porter le télescope, à faire préparer les relais.

Rustan portait toujours une bouteille de campagne renfermant du vin et de la liqueur. Ce n'était que rarement, et lorsqu'il n'avait pas eu le temps de déjeuner, que Napoléon prenait, chemin faisant, quelques gouttes de ce vin ou de cette liqueur. Ce cas excepté, il ne prenait rien ou peu de chose depuis le déjeuner jusqu'au dîner, c'est-à-dire depuis neuf ou dix heures du matin jusqu'à sept du soir.

Napoléon avait dans le travail une facilité et une pénétration incroyables. Ceux qui l'environnaient parlaient avec étonnement de la marche rapide et de l'abondance de ses idées dans tout ce qu'il dictait à ses secrétaires et à ses adjudans. Des sujets qui remplissaient plusieurs pages y étaient traités avec une méthode admirable. Ceux qui écrivaient sous sa dictée, sur-tout les secrétaires, devaient être à même de répondre sur toutes sortes de demandes et de propositions relatives aux affaires politiques ou militaires. Lorsqu'il recevait des dépêches, il questionnait les officiers qui se trouvaient près de lui, sur la position des lieux mentionnés dans les dépêches, avant qu'ils pussent savoir si ces lieux étaient en Allemagne ou en Espagne. Ce n'était qu'après avoir jeté un regard sur la signature de celui qui avait envoyé la dépêche, qu'on pouvait deviner ce que Bonaparte vouloit dire, et lui indiquer sur la carte ce qu'il demandait. Il lui arrivait rarement d'ajourner un travail : cependant, si un travail ne lui convenait pas, il chargeait un secrétaire de lui représenter le lendemain. S'il rencontrait un courrier en route, souvent il s'arrêtait, et alors Berthier et Caulincourt s'asseyaient par terre pour écrire ce que Bonaparte leur dictait en réponse à la dépêche qu'il venait de recevoir.

Lorsqu'il attendait des nouvelles de ses généraux, et que l'on présumait que quelque bataille pouvait avoir eu lieu, il était dans la plus vive inquiétude, et au milieu de la nuit même il se levait deux ou trois fois et faisait mettre sur pied plusieurs de ceux qui travaillaient dans son cabinet. Au surplus, il était rare qu'il ne se levât pas vers deux heures; et lorsqu'il n'y avait rien d'extraordinaire, il se couchait à neuf. Son lit de campagne le suivait toujours, porté par des mulets; et lorsqu'il avait passé la nuit au bivouac ou qu'il avait beaucoup voyagé, il le faisait dresser au pied d'un arbre, n'importe où il se trouvait, et dormait une heure. Lorsque la suspension des hostilités lui laissait quelque repos, il s'établissait dans la ville la plus prochaine et prenait un genre de vie plus régulier, mais il ne se départissait pas de son habitude de travailler de deux heures à quatre du matin; il se reposait ensuite environ une heure. Il reprenait ensuite son travail, et ses maréchaux et généraux venaient alors recevoir leurs ordres; ils le trouvaient se promenant dans son cabinet en robe de chambre, et ayant la tête enveloppée dans un mouchoir de soie bigarré, qui avait l'air d'un turban. Rustan lui apportait à la pointe du jour une tasse de café, et quelquefois il prenait un bain.

Le carrosse de voyage était disposé de manière

à ce qu'il pût y dormir et s'étendre sur des matelas : Berthier ne pouvait en faire autant, il fallait qu'il restât assis. Dans l'intérieur de cette voiture, il y avait une quantité de tiroirs fermés à clé, où l'on plaçait tous les papiers nécessaires. Vis-à-vis Napoléon était placée la liste des endroits où les relais étaient prêts, et une grande lanterne accrochée sur le derrière de la voiture en éclairait le dedans, tandis que quatre autres répandaient leur éclat sur la route. Les matelas que Rustan arrangeait, étaient emballés avec adresse dans la voiture, et au-dessous du magasin étaient casés quelques flambeaux de réserve. Rustan tout seul était assis sur le siège. Cette voiture était simple, verte, bien suspendue et à deux places. L'habit de Napoléon, simple et propre, est si connu qu'il serait inutile d'en parler ; je dirai ici seulement qu'on se trompe, si l'on croit que lors d'une bataille il portait toujours sa redingote grise par superstition ou pour se rendre méconnaissable. Dans l'été, ou quand il faisait beau, il portait comme à l'ordinaire, même au milieu des combats, son uniforme vert avec la plaque de la légion d'honneur; mais lorsque le temps était froid et humide, il avait par-dessus l'uniforme cette redingote grise connue de tout le monde. Quelquefois il mettait un manteau bleu dont le collet était brodé d'or à quatre couleurs, et l'on prétend que c'est le même qu'il portait dans le tems qu'il était général.

Il était toujours assez mal monté en chevaux de selle, mais il en avait huit ou neuf qui lui convenaient, et il ne voulait se servir que de ceux-là. Ses officiers auraient rougi de les monter ; ils étaient petits et sans extérieur, mais commodes et sûrs : presque tous chevaux entiers et avec la queue longue. Comme Napoléon n'était pas bon cavalier, tous ceux qui s'approchaient de lui étant montés sur une jument, devaient prendre garde qu'il ne leur fît vider les arçons, par l'effet des cabrioles de son cheval. Il le laissait aller nonchalamment au pas ou au petit trot, et lorsqu'il était plongé dans ses réflexions, il abandonnait les rènes. Tous ses chevaux étaient accoutumés à suivre les deux chasseurs ou officiers d'ordonnance qui le précédaient. Mais lorsqu'il sortait de ses rêveries, s'il apercevait quelque position qu'il lui plût de visiter, aussitôt il galopait à travers champs; ce que d'ailleurs il aimait assez. Les chasseurs de la Garde qui l'escortaient étaient tellement habitués à ces excursions, qu'à la première direction que Napoléon prenait, ils connaissaient parfaitement l'endroit vers lequel il se dirigeait. Il aimait beaucoup à suivre les chemins de traverse et les sentiers, et la nécessité de mettre pied à terre pour gravir des côtes escarpées, ou pour franchir des chemins impraticables ne le rebutait pas ; il était toujours désagréable pour lui d'entendre dire qu'une chose était impossible ou seulement difficile. *On ne peut pas !* disait-il avec un ris moqueur, et il allait en avant ; il ne renonçait à son projet que lorsqu'il s'était convaincu par lui-même qu'il y avait des obstacles invincibles qui en arrêtaient l'exécution.

Lorsque les routes étaient marécageuses ou malaisées, le grand écuyer devançait Napoléon de quelques pas, pour examiner le chemin sur lequel il devait le suivre ; s'il parvenait à quelqu'endroit qui lui était devenu odieux par quelque perte, il prenait un train de chasse. Dans ses dernières campagnes, cette particularité fut bien remarquable, et en 1813 je fus à même de l'observer. En visitant le pays entre Bautzen et Bischoffwerde, il traversa un défilé où un convoi de 83 voitures chargées de munitions, et très-nécessaires à l'armée, avait été surpris par les Cosaques qui l'avaient fait sauter. Dès qu'il aperçut les premiers débris, il piqua son cheval et le mit au grand galop. Dans ce moment un petit chien se mit à le suivre en aboyant après son cheval, ce qui le mit dans une telle fureur qu'il saisit un de ses pistolets et tira sur le chien ; mais l'arme ne fit pas feu, et il la jeta sur le pauvre animal dans l'excès de sa colère. Rustan accourut, remit le pistolet en place, et l'on s'éloigna du lieu funeste avec rapidité.

Quelquefois, lorsqu'il était de bonne humeur, il chantait ou prononçait quelques mots italiens en forme de récitatif. Souvent il s'interrompait tout-à-coup et appelait quelqu'un de sa suite pour s'égayer avec lui : dans ce cas, c'était simplement *Berthier ! Grand-Mortier !* etc.; mais s'il était sérieux, ou s'il s'agissait d'affaires, il disait : *Prince de Neufchâtel ! Duc de Trévise*, etc.

Sa manière laconique de parler le rendait quelquefois inintelligible, parce qu'il coupait certains mots. Lorsque quelque soldat lui présentait une pétition, ou lui était recommandé, la question qu'il adressait à chacun était habituellement : *Combien de service ?* Lorsqu'il voulait s'orienter dans quelque plaine vaste, ou qu'il voulait connaître l'étendue ou l'importance de quelqu'endroit, relativement à ses entreprises, sa demande était : *Combien d'ici à N.... ? Quelle population ?* Malheureusement il arrivait quelquefois que ces rapports, souvent inexacts, servaient de règle pour déterminer les logemens militaires, les réquisitions, les fournitures, les garnisons, etc. Il fixait toujours les yeux sur celui qui lui parlait, comme s'il eût voulu pénétrer jusqu'au fond de ses pensées. On ne pouvait pas lui répondre assez vite; par conséquent il s'impatientait lorsqu'on était obligé de lui traduire les réponses de ceux qui lui parlaient. Plusieurs écrivains ont pensé qu'il parlait et comprenait la langue allemande : M. d'Odeleben assure le contraire. Ne fût-il question que d'une réponse insignifiante, ou de détails donnés par des gens du peuple auxquels Napoléon adressait des questions, il en voulait tout de suite deviner le sens, et il interrompait l'interprète en lui disant d'un ton qui annonçait l'impatience : *Qu'est-ce qu'il dit?* Mais il préférait avoir recours à un interprète, à entendre *écorcher* le français ; et si un étranger voulait lui parler en cette langue, au premier mot qu'il prononçait mal, il recevait l'ordre de parler sa langue naturelle. Ce qu'il y a de plus singulier et de plus comique, c'est la manière dont il prononçait le nom des lieux, qu'on devinait par les circonstances ou par la position, plutôt qu'on ne les reconnaissait : il disait *Sis* pour Zeitz ; *Ogirs* pour Hochkirch, etc.

Quand Napoléon couchait dans une ville, Berthier logeait toujours dans la même maison, et le grand écuyer ne devait jamais être éloigné. Le préfet du palais ou un fourrier de la cour allait en avant pour faire toutes les dispositions nécessaires. Avant l'arrivée de l'empereur on affichait une liste dans le salon de service, indiquant les logemens de toutes les personnes attachées à la cour.

Un commissaire allait presque toujours en avant pour acheter tous les vivres nécessaires. La table lui était donnée à ferme, et partout où l'on s'arrêtait, tous les objets de consommation étaient payés comptant : telle n'était pas la manière de plusieurs maréchaux, qui se faisaient tout fournir par réquisition. Quatorze voitures transportaient toutes les provisions et tous les bagages de la suite de Napoléon; aussi, s'il arrivait que les moyens de transport n'aient pas permis à toutes ces voitures de se rendre au lieu indiqué pour le dîner, il arrivait que les premiers officiers de la maison se trouvaient forcés de boire de la méchante bière ou de mauvais vin du pays, dans des verres de cabaret. Quant aux plats, on tâchait d'en avoir toujours le même nombre; mais si les pommes de terre ou la vinaigrette venaient à manquer, la suite même de Napoléon éprouvait les angoisses de la faim; car souvent le pain était la denrée la plus rare, et on n'en pouvait pas trouver pour les domestiques. Dans les endroits où l'on pouvait avoir quelque chose, on tâchait donc de faire quelques provisions et de remplir les paniers dont les mulets qui suivaient le quartier-général étaient chargés, afin d'être en mesure pour un séjour soit dans un village, soit à un bivouac.

Dans ce dernier cas, on dressait cinq tentes dans l'endroit que Napoléon désignait lui-même. Ces tentes étaient de toile avec des raies bleues et blanches, ou d'une espèce de coutil. Deux étaient attachées l'une à l'autre, dont une était la chambre de Napoléon et l'autre son cabinet de travail. Les grands officiers mangeaient et dormaient dans la troisième ; la quatrième était pour les officiers d'un grade inférieur : ceux qui n'avaient pas de place restaient auprès du feu du bivouac. La cinquième était destinée au prince de Wagram, comme logement et cabinet de travail.

Ces tentes étaient toujours élevées auprès du lieu où campait la garde : cette circonstance a fait croire à beaucoup de personnes qu'il était impossible d'y aborder : c'est une erreur, s'en approchait qui voulait. Il en était de même lorsqu'il était dans quelque ville, et ceux qui croyaient qu'il était sans cesse occupé du soin de sa conservation, sont bien loin de la vérité. Plusieurs fois il faillit être la victime du peu d'attention que l'on mettait à éloigner les curieux de sa personne. La tentative qui fut faite à Vienne, le 12 octobre 1809, présente des détails intéressans : nous allons la rapporter ici telle que M. Cadet de Gassicourt l'a transmise.

« A midi, pendant la parade, au milieu de ses généraux, Napoléon a pensé tomber sous le poignard d'un assassin. Un jeune Séide de dix-sept ans et demi, d'une figure charmante, douce et régulière, fils d'un ministre protestant, s'est avancé brusquement sur lui pour le tuer. Le prince de Neufchâtel s'est mis devant l'empereur, et le général Rapp a fait saisir le misérable, qu'on a trouvé armé d'un couteau de cuisine, tout neuf et bien affilé. Je frémis encore, quand je pense au moment où j'ai vu cet assassin s'avancer sur l'empereur, et je ne cesserai jamais d'admirer l'inaltérable sang-froid de ce grand général, qui, sans manifester la moindre émotion, a continué de commander les évolutions, comme si l'on venait seulement d'écarter un insecte importun.

» Conduit dans la salle des gendarmes, le jeune homme fut fouillé. On trouva sur lui le couteau dont j'ai parlé, quatre frédérichs d'or, et le portrait d'une très-jolie femme. Le général Rovigo le questionna, mais il ne répondit que ces mots : *je voulais parler à l'empereur*. Pendant deux heures on ne put en obtenir autre chose. S. M. instruite de son silence obstiné, le fit monter à son appartement pour l'interroger elle-même. Voici quel fut à-peu-près cet interrogatoire. — D'où êtes vous, et depuis quand êtes-vous à Vienne ? — Je suis d'Erfurt et je suis ici depuis deux mois. — Que me vouliez-vous ? — Vous demander la paix, et vous prouver qu'elle est indispensable. — Pensez-vous que j'eusse voulu écouter un homme sans caractère, sans mission ? — En ce cas, je vous aurais tué. — Quel mal vous ai-je fait ? — Vous opprimez ma patrie et le monde entier ; si vous ne faites point la paix, votre mort est nécessaire au bonheur de l'humanité : en vous tuant, j'aurais fait la plus belle action qu'un homme de cœur puisse faire.... Mais j'admire vos talens ; je comptais sur votre raison et je voulais vous convaincre avant de vous frapper. — Vous êtes fils d'un ministre luthérien, et c'est sans doute la religion.... — Non, sire ; mon père ignore mon dessein ; je ne l'ai communiqué à personne ; je n'ai reçu les conseils, les instructions de personne ; seul, depuis deux ans, je médite votre changement ou votre mort. — Etiez-vous à Erfurt quand j'y suis allé ? — Je vous y ai vu trois fois. — Pourquoi ne m'avez-vous pas tué alors ? — Vous laissiez respirer mon pays, je croyais la paix assurée et je ne voyais en vous qu'un grand homme. — Connaissez-vous Schneider et Schill ? — Non, sire. — Etes-vous franc-maçon ou illuminé ? — Non, sire. — Connaissez-vous Brutus ? — Il y en eut deux ; le dernier mourut pour la liberté. — Avez-vous eu connaissance de la conspiration de Moreau et de Pichegru ? — Les journaux m'en ont instruit. — Que pensez-vous de ces hommes ? — Sire, qu'ils craignaient de mourir. — On a trouvé sur vous un portrait ; quelle est cette femme ? — Ma meilleure amie, la fille adoptive de mon vertueux père. — Quoi ! votre cœur est ouvert à des sentimens si doux, et vous n'avez pas craint d'affliger, de perdre les êtres que vous aimez, en devenant un assassin ? — J'ai cédé à une voix plus forte que ma tendresse. — Mais, en me frappant au milieu de mon armée, pensiez-vous échapper ? — Je suis étonné d'exister encore. — Si je vous faisais grâce, quel usage feriez-vous de la liberté? — Mon projet a échoué ; vous êtes sur vos gardes.. je m'en retournerais paisiblement dans ma famille.

L'empereur fit appeler M. Corvisart, et lui demanda s'il ne trouvait pas dans ce jeune homme quelque signe de démence. M. Corvisart l'a examiné avec soin, et a répondu qu'il ne trouvait pas même les signes d'une forte émotion.

Il resta deux jours dans une salle avec des gendarmes : il se promenait avec tranquillité, et de temps en temps s'agenouillait pour prier. On lui avait apporté avec son dîner un couteau de table ; il le prit et le considéra froidement : un gendarme voulut le lui ôter des mains ; il le rendit en souriant, et dit : *Ne craignez rien, je me ferais plus de mal que vous ne m'en ferez.* Le lendemain, il entendit le canon, et demanda ce que c'était. — C'est la paix, lui dit-on. — Ne me trompez-vous point? — Non, je vous jure. — Alors il se livra à la joie la plus vive ; des pleurs coulèrent de ses yeux ; il se jeta à genoux, pria avec transport, et se relevant : *Je mourrai plus tranquille.*

Quand on vint le chercher pour le fusiller, il dit au colonel qui lui annonça son sort : Monsieur, je ne demande qu'une grâce, c'est de n'être point lié : on le lui accorda, il marcha librement et mourut avec calme.

Nous allons terminer ce rapide tableau du quartier-général, par quelques traits sur les principaux personnages qui entouraient Napoléon : nous commencerons par le prince de Wagram.

C'était lui qui après l'empereur jouissait des plus grandes prérogatives et de tous les honneurs : il sut se concilier l'estime générale. Malgré son âge avancé, il conserva toujours une activité et une vivacité extraordinaires. Il était vêtu simplement, et avait adopté un chapeau petit et simple qu'il portait à la façon de Napoléon, pour qui on le prenait fort souvent, sur-tout lorsqu'il était en voiture. Il allait grand train à cheval, étant toujours bien monté. Il aimait passionnément la chasse, au point que, quand une corneille lui passait au-dessus de la tête, il laissait tomber les rênes, même en galopant, et faisait mine de lui lâcher un coup de fusil. Malgré tout son zèle pour le service et le ton sérieux avec lequel Berthier parlait à ses subalternes, jamais on ne le vit impoli ou grossier. Avec Napoléon son ton variait selon l'occasion : il était familier quand il s'agissait de converser, et respectueux, s'il s'agissait de recevoir des ordres, ou de rendre compte de leur exécution : dans ces derniers cas il gardait le chapeau à la main.

On peut juger combien Napoléon imposait à ceux qui l'entouraient, par sa manière d'être avec ses plus proches parens. Il les avait rendus grands et puissans; mais il n'en était pas moins redoutable pour eux, à moins que, comme son frère Lucien, ils ne lui opposassent de la fermeté et de l'indépendance. Bonaparte ne faisait pas le moindre cas du ci-devant roi de Westphalie, Jérôme, qui ne figurait que comme un courtisan.

Napoléon témoignait plus d'estime au roi de Naples, dont il appréciait la valeur comme commandant d'un corps ; sur-tout de cavalerie. Le prince Murat, malgré son costume théâtral, emprunté de tous les siècles, et qui ne s'accordait guère avec la dignité d'un souverain, n'en était pas moins, comme général de cavalerie, peut-être le premier de l'armée française. Son coup-d'œil perçant, son habileté à juger des positions et des forces de l'ennemi, son intrépidité calme dans les plus grands dangers et sur les points les plus exposés, ainsi que sa contenance guerrière, sa taille forte et régulière, et son allure noble et ferme sur de beaux et vigoureux coursiers, tout contribuait à lui donner l'aspect d'un héros. A la tête de sa cavalerie, il ne craignait aucun danger, et se jetait au milieu des ennemis dans toute la force du terme. C'était lui que Napoléon employait conjointement avec le prince de la Moskowa dans les circonstances les plus critiques. Il paraissait faire grand cas de son opinion, lorsqu'il se rendait sur un terrain qui avait déjà été inspecté par le roi de Naples.

La franchise et le ton résolu de Murat, son air toujours serein, dégénéraient quelquefois en une espèce d'insouciance. Le zèle et la précision avec laquelle il s'acquittait de toutes ses missions, convenaient à Napoléon, qui semblait goûter beaucoup de plaisir dans sa conversation. La bonne humeur de Murat ne se démentait jamais : même au milieu des affaires les plus sérieuses, il avait toujours le mot pour rire ; mais son beau-frère ne le considérait que sous le rapport militaire : aussitôt qu'il était question de politique, Bonaparte lui tournait le dos et s'adressait à Maret, à Berthier, à Caulincourt, etc. Murat se retirait alors, et l'on voyait clairement qu'il ne voulait ou ne pouvait pas s'en mêler.

Dans les combats et pendant les marches, Napoléon, qui avait toujours Murat à sa gauche, formait avec lui un contraste frappant : en effet, quelle mine avait Napoléon avec son petit chapeau à trois cornes, sa redingote grise, sa petite taille, son gros ventre, ses cheveux sans apparence et sa mauvaise tenue à cheval, auprès de son beau-frère, qui attirait tous les regards par

IIIᵉ. *Part.*

sa taille, par son costume brillant et par les riches harnois de son cheval! Sa figure, ses beaux yeux bleus, ses gros favoris, ses cheveux noirs et bouclés qui retombaient en longs anneaux sur le collet d'une kurtkà (habit à la polonaise), dont les manches étroites avaient une ouverture au-dessous de l'épaule, devaient exciter l'attention. Le collet de son habit était richement brodé en or. L'habit était serré par une ceinture dorée, à laquelle pendait un sabre léger droit et à lame étroite, à la manière des anciens Romains. Le manche était d'un très-beau travail, garni de brillants et orné des portraits de sa famille. Il portait ordinairement un large pantalon couleur de pourpre, dont les coutures étaient garnies en or, et des bottines de peau jaune ou de nankin. L'éclat de cette parure était encore rehaussé par un grand chapeau à trois cornes garni de plumes blanches d'autruche, avec une large bordure d'or, un grand plumet également composé de quatre grandes plumes d'autruche, du milieu desquelles s'élevait une magnifique plume de héron. Son cheval était brillamment enharnaché à la hongroise ou à la turque: une housse bleu-de-ciel ou pourpre, brodée en or, flottait élégamment; les étriers étaient dorés et la bride magnifique.

Lorsqu'il faisait froid, Murat portait par-dessus ce brillant habillement une superbe pelisse de velours, couleur vert foncé, garnie de fourrure de zibeline. La livrée de ses domestiques, écuyers et pages, était rouge foncé et bleu-de-ciel.

Bonaparte, malgré son goût personnel pour la simplicité, aimait assez que sa suite parût avec éclat. Son état-major et ses adjudans étaient bien payés; les officiers d'ordonnance recevaient de fortes gratifications à la fin de chaque campagne ou de chaque voyage : aussi plusieurs d'entre eux étaient-ils aussi coquets que des petites maîtresses : à l'appui de ce que nous avançons ici, nous citerons un passage de l'ouvrage intéressant de M. Cadet de Gassicourt : cette citation terminera ce rapide tableau du quartier-général.

« Plusieurs, dit-il, en parlant des aides de camp du prince de Wagram, par leur éducation et leur bravoure, méritent la considération dont ils jouissent; mais la plupart sont les *geais de l'armée*, obtenant les faveurs que l'on doit à d'autres, gagnant des cordons et des majorats pour avoir porté quelques lettres dans les camps, sans avoir vu l'ennemi; insultant, par leur luxe, à la modeste fortune des plus braves officiers, pensant beaucoup à leur toilette, et plus fats au milieu des batailles que dans le boudoir de leurs maîtresses. J'en ai vu un dont la giberne en vermeil était un petit nécessaire complet, et contenant, au lieu de cartouches, des flacons d'odeurs, des brosses, un miroir, un gratte-langue, un peigne d'écaille : il n'y manquait que le pot de rouge. »

CHAPITRE III.

SECONDE ABDICATION DE NAPOLÉON.

§. Ier. *Nuit du 20 au 21 Juin.*

Neuf heures sonnaient à toutes les pendules de l'Elysée. Je remontais chez moi fort inquiet des bruits qui circulaient depuis le matin. Une lettre que j'avais reçue de mon ami D..... et qui me laissait entrevoir quelqu'événement sinistre, ne contribuait pas peu à m'affermir. Plusieurs renseignemens ramassés dans la journée me faisaient craindre que malgré le bulletin de Charleroi, tout n'allât mal. Le caractère de l'empereur m'était connu ; plusieurs demi-mots échappés depuis son retour me faisaient pressentir de sa part une résolution extrême. D'un autre côté, j'observais les différens partis qui agitaient les pairs et sur-tout les représentans. Napoléon, enveloppé par quatorze puissances alliées, combinées et d'accord pour la première fois, n'était pas moins pressé par ses ennemis de l'intérieur. Peut-être même ses amis, peu intelligens ou peu unis, ne lui étaient pas moins contraires. Mais ses succès en Belgique eussent rallié ceux-ci et dispersé tous les autres. Il tenait sur-tout à humilier Wellington, dont les lenteurs, selon lui, faisaient la moitié du mérite. Il regardait comme un coup de politique d'aigrir contre ce général le parti de l'opposition. Enfin, il sentait qu'en partant pour l'armée, il allait commencer le dernier acte de la tragédie ; et son dernier mot, en me quittant, avait été *quitte ou double.*

A neuf heures cinq minutes, une voiture grise et couverte de poussière entre dans les cours, je la reconnais pour être de la suite de l'empereur. A peine suis-je descendu, qu'une seconde, suivie d'une troisième et dernière, redouble mon agitation et confirme mon pressentiment. Derrière celle-ci les portes se ferment en silence, et mon ami D..., sorti de la première, s'avance vers moi, me prend, me presse la main, et les dents serrées, balbutie ces mots foudroyans : *ça va mal, nous sommes perdus !* Il se servit d'une expression plus énergique.

Cependant la troisième voiture était ouverte. Dans le fond se tenait à demi couché un homme pâle, que je pris d'abord pour l'empereur : c'était son frère, le prince Jérôme, blessé à la main, qu'il tenait en écharpe. Ce prince, fatigué et endormi, descendait lentement. Napoléon le pousse, le renverse sur le marchepied, s'élance, enjambe l'escalier et gagne ses appartemens, sans dire un mot, sans regarder personne. Nous nous hâtons à sa suite ; en ce moment, mon ami me saisit par le bras, et d'une voix étouffée il me répète : *Tu le vois, tout est perdu !* La porte de la première salle s'ouvrait alors, l'empereur s'arrête, lance un regard sur D....., et riposte brusquement : *Fors l'honneur*, D.... ! Voilà, me dit ce dernier, le premier mot qu'il a proféré depuis quarante-huit heures.

Napoléon entre chez lui. Il s'assied un instant. Je lui présente des dépêches qu'il jette sur une table, après avoir choisi la moins volumineuse : c'était un billet parfumé, qu'il porte d'abord à son nez, peut-être à sa bouche, car le geste fut équivoque. Il lit et lève deux ou trois fois les yeux au ciel. Au milieu de sa lecture, *un bouillon!* dit-il : un moment après, *une écritoire!* Il écrit et plie. *A la princesse Hortense*, me dit-il, en me faisant asseoir pour tracer l'adresse. Le message part. Le consommé arrive; il en prend la moitié. Ecrivez, me dit-il alors. J'écris et mande le duc de Bassano et le comte Regnault-de-Saint-Jean d'Angely. Cela fait, on le débotte : il se couche tout habillé et ne tarde pas à s'endormir. Un valet de chambre eut l'ordre de l'éveiller quand les deux ministres seraient arrivés.

En remontant chez moi par le petit escalier qui ouvre sur le pallier du grand, je heurtai contre deux personnes qui, tapies dans un coin, conféraient si intimement, qu'elles m'aperçurent à peine, et ne se dérangèrent pas : c'était le prince Jérôme, occupé (du moins je le suppose) à faire panser sa blessure par une petite jardinière, laidron-joli, aussi fraîche que ses fleurs : Ah ! ah ! Georgette, lui dis-je, je ne vous soupçonnais pas ce talent ; il faudra vous nommer carabin à la suite des armées.

Je glisse sur les réflexions anxquelles je me livrai, et qui ne me permirent pas de m'abandonner au sommeil. D...., que j'attendais, ne vint qu'au moment où l'Empereur, éveillé, me faisait avertir de l'arrivée des ministres. Cet ami me dit en substance : « Qu'après les premiers avantages
» de Charleroi et la brillante affaire de Fleurus,
» nous avions tout perdu, par deux causes évi-
» dentes, auxquelles on pourrait ajouter une
» troisième, mieux sentie peut-être et moins
» prouvée. La première de ces causes est l'in-
» flexibilité de l'Empereur qui, à la suite des
» deux journées victorieuses, a voulu étonner le
» monde, fortifier la France, et consterner l'Eu-
» rope par un troisième triomphe décisif. Projet
» sublime, mais fou, qui devait conduire le
» vainqueur au trône de l'opinion, et le vaincu
» sur son échafaud ; projet pénétré par le pru-
» dent Wellington, et qu'il a déconcerté, en
» amenant son héroïque et extravagant auteur
» jusques sur le gouffre où devaient expirer sa puis-

» sance, son influence et presque sa gloire. En
» effet, la bataille que nous nommons de *Mont-*
» *Saint-Jean*, du nom du village qui en fut le
» point principal, et que les ennemis appelleront
» de *Waterloo*, du nom d'un autre village oc-
» cupé par les Anglais, ou de la *Belle-Alliance*,
» du nom d'une auberge qui fut occupée par le
» quartier-général de Wellington ; cette troi-
» sième action, après avoir balancé la victoire
» par des alternatives qui la firent, pour ainsi
» dire, voltiger des drapeaux français à ceux
» des alliés, depuis midi jusqu'à huit heures, a
» démontré comment le don négatif de la pa-
» tience pouvait déconcerter les combinaisons
» d'un génie impétueux : voilà la seconde cause
» de notre perte. Le prudent vainqueur de Sa-
» lamanque, de Vittoria, par une manœuvre
» digne de son génie temporiseur (puisqu'elle
» lui coûte l'élite de son armée), a contraint
» le fameux triomphateur des Pyramides, de Ma-
» rengo, d'Austerlitz, d'Jéna, de Friedland, à
» baisser devant ceux qu'il dompta tant de fois,
» ses lauriers humiliés. J'attribuerai la troisième
» cause de notre déroute à l'intrigue, à la cor-
» ruption, à la trahison ; celles-ci réunies ont
» produit la défiance, la mésintelligence, la
» peur, le désordre. L'histoire recherchera ces
» ressorts que je ne puis qu'indiquer, mais aux-
» quels les alliés, et sur-tout les ennemis parti-

» culiers et le compétiteur personnel de Bona-
» parte, doivent leurs succès d'aujourd'hui. Qu'ils
» se hâtent de triompher et d'utiliser la victoire ;
» car le lion blessé n'est peut-être pas mort. »

Ce peu de mots, qui m'offraient un résultat affreux, sans m'instruire des détails, me comprimèrent au point que l'empereur s'en aperçut; et remarquant ma pâleur: D.... a parlé, me dit-il sévèrement. C'est un peureux. Puis, adoucissant le ton : un mal qu'on peut réparer, ajouta-t-il, n'est pas grand, et quand il est irréparable, il faut se résigner. Placez-vous là, et prenez des notes. Savez-vous la sténographie? — Oui, sire. —Ecrivez.

La nuit était avancée. M. de Bassano, assis dans un coin de l'appartement, avait un air glacé; le comte Regnault, debout devant une table, donnait des coups de crayon à un papier manuscrit devant lui. L'Empereur se promenait, rongeait ses ongles et prenait du tabac à chaque seconde. Puis s'arrêtant tout-à-coup : Eh bien! ce bulletin ? — Le voilà corrigé, répondit le ministre d'état. — Voyons, ajouta l'empereur.

Toute l'Europe a lu le Moniteur du 21 et son supplément extraordinaire. Le récit de la bataille de Ligny et les aveux postérieurs du prince Blücher prouvent la grandeur et l'importance de notre victoire. Le lendemain, par une partie des causes énoncées plus haut, éclaira notre défaite.

Aux deux tiers du bulletin, l'Empereur frappant du pied, s'écria : *elle était gagnée !* Quand le comte Regnault eut achevé, il dit en soupirant : *elle est perdue !*

Alors s'établit le colloque dont voici les traits les plus saillans :

L'Empereur. Elle est perdue !.... (un moment après); et ma gloire avec elle !

Le comte Regnault. Vous avez cinquante victoires à opposer à une défaite.

Le duc de Bassano. Cette défaite est décisive ; l'empereur a raison.

L'Empereur. Ils ne sont pas accoutumés à vaincre ; ils abuseront de la victoire.

Le Duc. Ceux dont le bonheur de Wellington fait triompher la lâcheté, sont plus dangereux et plus vos ennemis que les Anglais et les Prussiens.

Le Comte. Les républicains gémiront ; mais ils essayeront de profiter de la circonstance.

L'Empereur. Ils feront bien ; du moins la gloire et la liberté de la patrie resteraient intactes. Si les royalistes l'emportent, c'est quand ils seront appuyés par les étrangers.

Le Duc. Le courage des royalistes est dans la tête de Wellington et dans le bras de Blücher.

Le Comte. Ce qui presse le plus est d'arrêter Blücher et Wellington.

Le Duc. Comment ? l'armée n'existe plus, et la frontière est découverte.

Le Comte. La frontière est découverte, mais l'armée existe; il ne s'agit que de la rallier.

L'Empereur. Elle se ralliera d'elle-même ; il faut la réorganiser et réparer ses pertes.

Le Duc. Etes-vous sûr du maréchal Soult et de Grouchy?

L'Empereur. Grouchy est un honnête homme, mais faible ; Soult a donné des gages.

Le Comte. L'armée se réorganisera, mais les cadres sont incomplets.

L'Empereur. Convoquez sur-le-champ les ministres. Je veux que les Chambres sachent tout ce soir.

Le Duc. Les partis vont s'agiter.

Le Comte. Les partis agités depuis long-temps vont se reconnaître, se mesurer, faire des tentatives.

L'Empereur. Tant mieux ! Les masques tomberont, pour le public, s'entend; car, pour moi, il y a long-temps..... Appelez les ministres. On fera un rapport; on dira la vérité. Si tout patriotisme, si tout honneur n'est pas mort, les Chambres refuseront-elles des hommes et de l'argent?

Le Duc. Elles vont parler d'économiser l'eau et les pompes quand la maison est en feu.

Le Comte. On a bêtement reproché la dictature. C'est aujourd'hui qu'elle sauverait tout.

L'Empereur. J'ai recommencé la monarchie constitutionnelle. Convoquez les ministres.

Le Duc. Pas de dictature ; mais aussi pas d'indignités. Si l'on nous attaque, nous nous défendrons.

L'Empereur. Ah ! ma vieille garde ! se défendront-ils comme toi ?

On se sépara, après que l'ordre aux ministres eut été expédié. Maret demeura avec l'empereur, qui, malgré sa fatigue, reçut plusieurs visites, auxquelles je n'assistai point. De ma fenêtre, je reconnus parmi les voitures, celles de Cambacérès, de l'amiral Decrès, de M. de Caulincourt et des deux Carnot.

A six heures et demie l'empereur me fit appeler. Il était avec le duc d'Otrante, ministre de la police, qui, probablement, lui rendait compte de la situation des partis. Napoléon avait l'air gêné ; M. Fouché me parut affecté, sensible et prévenant.

Quand il fut sorti, l'empereur m'ordonna de faire trois copies d'un écrit qu'il tira d'un portefeuille. Pendant que je me disposais, il laissa échapper ces mots : Tranquille, tout est tranquille selon lui ! et je n'aurais qu'à parler pour tout obtenir !... Qui donc a raison de ce rapport ou de lui....? Ah! j'en crois ce rapport qui s'accorde avec ce que je pressens... (Puis, agitant le papier :) Celui-là ne m'a jamais trompé.

J'écrivis à-peu-près en ces termes :

« L'inquiétude est universelle, mais d'autant

plus cachée, qu'elle est plus générale. Il y a des rassemblemens, le soir et la nuit, rue sainte Marguerite, au faubourg saint Antoine, chez C....., l'un des principaux agens des fédérés; chez L....., de la chambre des représentans, rue des maçons Sorbonne : cette dernière réunion se compose de royalistes. Le curé de saint N...., qui en fait partie, assure qu'elle n'est pas dangereuse et qu'elle ne le deviendrait qu'en cas des succès de l'ennemi. Les députés sont moins timides. Hier, sur une lettre reçue par l'un d'eux, S.... V.... Z..... a demandé que durant l'absence de l'empereur il fût nommé parmi les chambres une commission de surveillance à laquelle le prince Joseph et le conseil de régence rendraient compte. Cette motion sera présentée à la première nouvelle d'un succès, sous prétexte que l'empereur saisira cette occasion pour étendre son pouvoir constitutionnel. Les républicains et les royalistes de l'assemblée s'entendront. Ils s'entendraient bien mieux s'il y avait un revers. Les royalistes le désirent, et l'on croit être bien sûr qu'ils en organiseront plus d'un, qu'on imputera à l'Empereur, dont ils disent que l'esprit commence à baisser. C'est aussi ce qu'ils répandent de Carnot, à l'occasion de son dernier rapport. Cependant les patriotes ne souhaitent pas de désastres; mais s'il en arrivait, ils le mettraient à profit.»

Deux expéditions de ce rapport furent adressées à MM. Regnault d'Angely et Carnot. L'Empereur garda la troisième et brûla l'original.

Je terminais ce travail quand on annonça la princesse Hortense. Je sortis ; mais poussé par une curiosité, peut-être blâmable, et qui pourtant n'était, dans ces cruelles circonstances, que de l'intérêt, je fis le tour de la chambre à coucher et me coulai dans un cabinet de garde-robe dont un œil de bœuf, presqu'entièrement voilé par un petit rideau plissé, me permit à peine d'entrevoir, ou, pour mieux dire, de deviner quelques traits de la scène que j'avois en perspective.

Napoléon se montrait en profil, Madame de Sainte-L... en face. Elle était assise, tenant d'une main un mouchoir dont elle se couvrait les yeux par intervalle, et de l'autre un flacon qu'elle respirait. Elle était pâle et paraissait souffrante. L'Empereur, tantôt debout, tantôt s'asseyant brusquement, parlait par monosyllabes entrecoupés et dont je n'entendais que le son, sans en comprendre le sens. Aux gestes supplians de la duchesse, à ses regards mouillés de larmes, à quelques sanglots qu'elle laissait échapper, il était facile de supposer qu'elle sollicitait vivement quelque chose que lui refusait son beau-père. J'ai su, depuis, qu'elle l'engageait à demander la paix, et qu'elle cherchait à lui faire comprendre le danger de continuer la guerre. A toutes les objections de la princesse, le monarque répondait par des phrases laconiques et tranchantes où je distinguais les mots de *Bourbons*, *d'Anglais*, *de déshonneur*. Enfin, comme excédé de ne pas vaincre par la violence cette résistance doucement opiniâtre, l'Empereur frappe durement du pied; et pressant fortement de ses mains une pile de petits volumes amoncelés sur son bureau, il les dispersa à d'inégales distances. L'un de ces volumes va même frapper le pied de madame Hortence dont cet emportement redouble les larmes. Napoléon s'arrête, se calme, s'approche vivement d'elle; et à la sérénité qui reparut sur le front de cette princesse infortunée, je pus juger qu'elle avait obtenu une partie de sa demande. L'entrevue se termina par ces mots que l'empereur prononça fort haut : Envoyez-moi votre fils ! après lesquels il baisa affectueusement la main de madame de Sainte-L..., qui sortit.

Le conseil des ministres eut lieu à huit heures. Comme rien ne m'y appelait, je n'en rendrai pas compte. Je laisse ce soin à M. de R... qui y fut mandé et qui en a dû tenir note, selon son usage observateur.

La poste de ce jour apporta quantité de lettres; elles confirmèrent les bruits qui circulaient de notre déroute. Vainement la victoire de Charleroi, celle beaucoup plus importante de Ligny auraient dû rassurer les esprits. Soit espérance, soit crainte, ils étaient livrés à la plus dangereuse fluctuation. De trois heures à cinq, une rumeur extraordinaire qui avait pris naissance à la Bourse, parcourut toute la ville, s'insinua dans tous les rangs de la société. On sut que nous avions éprouvé un grand revers. La présence inattendue de l'Empereur acheva de produire la consternation. Des groupes sans nombre se formaient, se dispersaient, se reformaient sans cesse sur les places, dans les promenades, sur les quais, sur les ponts, sur les boulevards. On se regardait avec défiance, on s'abordait avec précaution, on s'interrogeait en hésitant. Personne n'osait dire ce qu'il craignait, ce qu'il espérait, ce qu'il pensait, ce qu'il venait d'apprendre. La peur, le silence régnaient dans ces groupes rassemblés par une curiosité inquiète, désunis par une terreur plus alarmante encore. Par ci, par là, quelques demi-mots s'échappaient, quelques équivoques étaient hasardées. Au milieu de ce mal-aise à-peu-près général on distinguait la joie mal déguisée de certaines personnes, qui osaient interroger, s'empressaient de répondre, et, en feignant de plaindre le malheur public, en altéraient, en exagéraient les circonstances. Il y eut à ce sujet plusieurs rixes.

De singulières remarques furent faites dans cette déplorable soirée : la première, que les succès des généraux Travot et Lamarque amenaient nécessairement la pacification de la Vendée, attribuée depuis à un autre motif ; la seconde, que toutes les opérations de la Bourse, toujours en baisse depuis le départ de l'Empereur, s'élevaient par une hausse d'autant plus progressive, que nos revers semblaient plus grands; c'est que les mouvemens du commerce s'accordent difficilement avec les jeux sanglans de la guerre, et que les capitalistes et les hommes d'état marchent rarement dans le même chemin.

Un troisième fait fournit à beaucoup d'esprits matière à réflexions. Dans la matinée même du jour où commencèrent à transpirer les infortunes de la Patrie, la cour d'assises acquitta deux personnes prévenues de distribution de libelles séditieux : en cela, elle eut raison, puisque ces personnes furent déclarées innocentes; mais le plaidoyer de leur défenseur présenta une singularité qui dut exercer les gens à conjectures. Dans une prosopopée brillante, quoique dépourvue de logique, et qui était hors-d'œuvre au procès, cet avocat, feignant de plaider devant l'Empereur, lui adressa sous les formes les moins respectueuses, les duretés que les journalistes lui ont prodiguées depuis son abdication. Ceux des auditeurs qui étaient dans le secret, applaudirent chaudement à ce courage sans danger; les autres, moins pénétrans, craignirent que le zèle de l'avocat ne nuisît à sa tranquillité; mais tous, en entendant soutenir qu'un attentat contre la vie de l'Empereur, désigné simplement comme le chef du Gouvernement, loin d'être un crime de lèze-majesté, ne pouvait pas même se qualifier d'assassinat, n'eurent pas de peine à conclure que, loin de continuer à être un potentat, Napoléon cesserait bientôt d'être un homme. Les événemens ont prouvé que l'avocat, qui, dans son apostrophe simulée, s'était comparé à Cicéron plaidant pour Marcellus devant César, avait comme cet orateur le don de prophétie.

L'histoire rappellera les mémorables séances des chambres et sur-tout celles des représentans. Après avoir discuté et résolu le problème de leur légitimité politique, elle ne pourra leur refuser une gloire morale, si solennellement prouvée, par des dangers sans cesse renaissans, une énergie toujours croissante, des talens supérieurs et nombreux, une sagesse, une modération égales à leur dévouement ; un désintéressement enfin, qui a privé de leurs modiques indemnités ceux qui, après avoir sauvé la France, furent durant quinze jours les maîtres absolus de sa fortune et de sa destinée.

Je donnerai plus bas quelques détails inconnus sur la séance du 21. Ceux dont les journaux offrent le registre, tels que la motion du général La Fayette, tendante à la conservation de l'indépendance nationale et à celle de la représentation ; le récit fait au nom de l'Empereur, par le comte Regnault de Saint-Jean-d'Angely ;

la motion de M. Manuel pour mander les ministres et exiger d'eux un compte de la situation de l'État ; la proposition de retirer à l'Empereur le commandement de la garde nationale ; enfin, la nomination d'une commission de pairs et de représentans, qui s'adjoindraient au conseil pour aviser aux moyens de sauver l'Empire, la France et le gouvernement. Tous ces détails intermédiaires à ceux qui précèdent, doivent être relus avant ceux qui suivent.

§. II. *Comité impérial.*

(Nuit du 21 au 22 juin 1815.)

Ce comité se composait, 1.º des ministres ayant département ; 2.º des ministres d'état ; 3.º d'une commission formée par le président et par quatre membres de la chambre des pairs ; 4.º d'une commission nommée par la chambre des représentans, et formée du président et des quatre vice-présidens ; 5.º d'un certain nombre de conseillers d'état ; 6.º des chefs des autorités civile et militaire de Paris ; 7.º de plusieurs pairs et représentans adjoints au comité par l'Empereur ; 8.º de quelques citoyens également appelés par ce prince.

Dans cette réunion, formée d'élémens hétérogènes, mais où dominaient, au moins par le nombre, les amis de Napoléon, régna d'abord un murmure inquiet, entrecoupé de silences mornes et prolongés, plus alarmans encore. Quoique la plupart de ces personnages se connussent, la supposition que chacun, dans ces graves circonstances, concentrait toutes ses affections dans son intérêt personnel probablement compromis, tenait éveillés les soupçons et la défiance. Plus d'un projet avait été apporté à l'assemblée ; et pour les produire, les faire accueillir, les faire triompher, il fallait réunir les finesses de la ruse à l'ascendant de l'influence ou du pouvoir. On dissimulait avec soin sa pensée ; on laissait entrevoir avec négligence l'intention qu'on caressait davantage ; on déguisait par l'expression la vérité des motifs et de l'objet ; chacun biaisait, en marchant par des sentiers détournés, à son but. Quel était ce but ? C'est ce que cette séance ne montra pas, mais permit d'entrevoir ; c'est ce que cachèrent les contre-marches et les différentes manoeuvres des groupes nombreux qui partagèrent l'assemblée et occupèrent les salles jusqu'à l'apparition de l'empereur.

Ses trois frères le précédèrent. A leur aspect les comités partiels furent suspendus, les groupes se séparèrent ; on se réunit dans le grand salon, où des siéges sur trois rangs étaient préparés ; et quand tout le monde eut pris place, on continua à s'entretenir d'une voix basse et murmurante.

Un secrétaire intime (et non pas un huissier) annonça l'Empereur. On se leva; il salua, se plaça sur un fauteuil, en face de l'assemblée; on se rassit sans invitation préalable ; et quand le silence fut rétabli, Napoléon prit la parole.

D'abord il parut ému ; il était pâle et sa main gauche, étendue sur une table, paraissait agitée de mouvemens convulsifs. Peu à peu il se remit et parla avec calme. Cette position pénible, suite d'une situation affreuse, produisit sur l'assemblée un sentiment d'intérêt qui fit ajourner plus d'un projet et donna à la délibération un tour auquel ses auteurs ne s'étoient pas attendus.

L'empereur confirma ce que le bulletin, dont les copies circulaient déjà, avait appris de nos désastres ; il parla de la valeur française avec admiration, de la prudente bravoure des ennemis avec sincérité; il fit des talens du lord Wellington un éloge mérité, mais remarquable dans sa bouche ; de ses propres fautes, un noble aveu. Ce mouvement, que je me plais à croire de la franchise, et qui eut l'effet de l'adresse, disposa en sa faveur des auditeurs mal prévenus.

Je crois qu'il s'aperçut de ce changement, manifesté en effet par un murmure d'autant plus encourageant qu'il succédait à un morne silence. Napoléon, sans conclure expressément, avait amené les esprits à lui accorder ce que demandèrent plus formellement trois de ses conseillers

M. R... La gloire de la France est dans l'armée ; son honneur est dans la réparation de nos pertes ; sa liberté, son indépendance sont dans la force de nos défenseurs ; le salut de la patrie est dans leur nombre, leur discipline et leurs exploits. Un grand revers n'est pour de grandes âmes qu'un avertissement utile. Tournons au triomphe des principes une perte qui semble d'abord les compromettre. Si la victoire a cessé de couronner nos drapeaux, n'est-il d'autres palmes que celles qu'elle arrose de sang ? L'olivier de la paix peut fleurir encore sur cette frontière menacée ; mais pour qu'il y porte des fruits, il faut qu'il soit planté par des mains héroïques. Déjà l'armée se rallie ; mais notre aigle étonnée, affligée de l'absence de ses défenseurs, demande qu'on remplisse les vides glorieux que des sacrifices inouïs ont faits dans leurs rangs. Refuserez vous de recruter de héros cette héroïque armée ? En élargissant ses cadres, ou du moins en les occupant par des hommes dévoués, vous secondez l'enthousiasme public, vous couronnez le vœu national. Loin de nous, cependant, le désir de la revanche ; il ne s'agit d'autres conquêtes que de celle de la paix ; mais pour ne pas la demander à genoux, il faut que le nombre soit à la mesure du courage. Une nation vaincue, mais qui ne sera jamais défaite, ne doit offrir le calumet de la paix, qu'appuyée sur la massue des combats. Je conclus que les chambres fassent un appel à la valeur française, tandis que l'Empereur traitera de la paix avec certitude et dignité.

M. le général L. F..... s'opposa formellement à cette mesure. Il n'en est qu'une qui puisse sauver la patrie, dit-il ; et si les ministres de l'Empereur ne la lui conseillaient pas, sa grande âme la lui révélerait.

Cette conclusion excita de nombreux murmures et des applaudissemens nombreux. Napoléon baissa les yeux, les releva rapidement, et sourit avec dédain.

M. de F.. après avoir appuyé par des considérations nouvelles la proposition du comte R... conclut à ouvrir un emprunt patriotique, afin de réparer le matériel de l'armée et de subvenir aux dépenses d'une nouvelle levée.

M. Fl.... démontra que, dans la circonstance actuelle, cette mesure qui paraissait un expédient, devenait un obstacle. Il en demanda le rejet.

M. le duc de B. essaya de prouver que des recrutemens d'hommes et des levées d'argent non-seulement n'étaient pas nécessaires, mais seraient nuisibles, sans des mesures préliminaires. Ces mesures, selon l'honorable membre, consisteraient à placer sous la surveillance d'une police plus sévère, et sur-tout plus immédiate, tous ceux qui depuis vingt-cinq ans ont formé diverses factions, dont la réunion compose un parti d'opposition. Les menaces de la police actuelle se réduisent à de vains bruits, dit-il, il faut qu'elle justifie son institution par de véritables effets. Ce parti de l'opposition, recruté par les mécontens de tous les régimes, est le centre auquel correspondent tous les ennemis de l'extérieur, qui ne sont que ses agens. La guerre devient ainsi nationale, parce que son principe est factieux. Faites punir les chefs qui de Paris, de la Vendée, de Lille, de Toulouse, de Marseille, de Bordeaux, alimentent l'espoir de la cour de Gand et l'animosité de l'Europe qu'ils ont décidée à se coaliser; excluez des fonctions publiques, et sur-tout des hautes magistratures, leurs complices les plus influens; surveillez plus strictement les subalternes; et vous aurez produit le double effet de déconcerter les ennemis extérieurs et de raffermir le gouvernement et ses amis. Si cette mesure eût été adoptée, tel qui m'entend ne sourirait pas aux malheurs de la patrie, et Wellington ne marcherait pas sur Paris.

Ici des marques d'une improbation violente éclatèrent et furent difficilement réprimées par le respect dû à la majesté du Souverain.

M. le comte G.... réfuta la mesure demandée par le préopinant; il en prouva l'inutilité, le danger; rejetant toutes personnalités, il voulut qu'au lieu d'aigrir les esprits, on les adoucît par des procédés loyaux. Ce discours fut bien accueilli ; mais des généralités parurent déplacées, quand le mal actuel exigeait des remèdes pratiques.

M. le prince C.... proposa de demander la paix aux conditions les plus conciliatrices et les plus honorables.

M. le comte F.... prétendit qu'il n'y avait point de paix à espérer avec un ennemi qui la mettait à deux conditions impraticables : l'exclusion de Napoléon et la réintégration des Bourbons : Que nous renoncions à la gloire, dit l'orateur, cela serait possible, quoique cruel, parce qu'il n'est point de sacrifices dont l'amour, dont le salut de la patrie ne dédommageât ; mais qui dédommagerait de la perte de l'honneur ? Et quel déshonneur plus grand, plus irréparable, que de
. . . .
Honneur alors aux préjugés, aux excès, aux abus ! Malheur aux idées nobles, aux institutions libérales et à tout ce qui rend la vie chère aux amis de la liberté ! (1)

M. le général comte D... parla dans le même sens.

---

(1) Par respect pour des personnages que la Charte ne permet pas même de supposer faillibles, nous supprimons ici quelques lignes injurieuses, auxquelles leur conduite postérieure a répondu. (Voyez les *Nuits de l'Abdication*, brochure de 1815, pag. 29, 2ᵉ édit.)

M. le général comte B.... présenta quelques développemens à cette proposition.

MM. C... et S. D... demandèrent la guerre à grands cris : Ouvrez la frontière, s'écria l'un d'eux ! qu'elles tombent ces barrières d'acier qui la gardent ; que l'armée se replie aux pieds des rochers de Laon, et, s'il le faut, sous les murs de Paris ! Alors, jetant un crêpe sur vos aigles, vous appellerez à leur défense tout ce qui aura un cœur, des bras et une arme. L'ennemi, comme un torrent, inondera le territoire sacré ; mais il lui sera fatal : et, placé entre nos phalanges concentrées et tous les citoyens insurgés, il regrettera la victoire qui lui valut cette défaite.

M. R.... et *M. B....* étendirent ces idées martiales Ce dernier, par une périphrase qui n'était équivoque que pour qui n'avait pas d'oreilles, laissa entrevoir la possibilité, la nécessité même de changer la forme du gouvernement. Il essaya de faire comprendre que, puisqu'il s'agissait de défendre les droits de la nation et de sauver ses libertés, il fallait que les libertés de la nation ne fussent pas des chimères, et ses droits, des noms vides de sens. Ce discours, qui tendait à la république, fut entendu avec faveur par un certain nombre d'assistans, et fortement improuvé par l'autre. L'empereur ricana plusieurs fois pendant que l'orateur le prononçait ; et vers la fin, il appela du doigt le ministre C..... et le prince Lucien, avec lesquels il s'entretint durant quelques minutes à voix basse, et avec beaucoup de chaleur. *M. M—l*, déjà connu et recommandable par la dextérité avec laquelle il manie la parole et dispose les esprits, entreprit de les détourner de toutes mesures exagérées, et de les rallier à un parti moyen. Ce terme mixte qui ne décidait rien, donnant à chacun le temps de préparer de nouvelles batteries, ou de démonter celles de son adversaire, convint par conséquent à tous. On arrêta donc, 1°. que les Chambres seraient invitées à traiter par une ambassade de leur choix avec les souverains alliés. (Il y eut de vives discussions au sujet du mot TOUS que *M. M—l* et *M. D—p* voulaient qu'on mît au-devant du mot *souverains*); 2°. que les ministres présenteraient une loi pour déterminer une levée d'hommes et d'argent.

L'assemblée se sépara, personne ne paraissait satisfait. *M. de S. D.* dit tout haut, et de manière que l'empereur l'entendît : *M. de la F......* a mis le doigt dans la plaie. J'admire Napoléon ; mais pour que la France entière et la postérité pensent comme moi, il faut encore une grande action. N'est-il personne assez ami de notre bonheur et de sa gloire, pour lui indiquer le moyen de l'augmenter encore ? *M. le général S.......* recueillit ces dernières paroles, et nous allons voir qu'il en fit bientôt le plus noble usage.

§. III. *Abdication.*

Le lendemain, dès neuf heures, les Chambres se réunirent. La séance des représentans fut tumultueuse. On y reconnut évidemment l'existence des partis; et à l'aspérité de la discussion, on sentit qu'ils étaient en présence. Les royalistes, les constitutionnels et les républicains, s'exprimaient plus ou moins directement sur la nécessité d'une abdication. M. Dupin parla même d'une mesure solennelle pour y décider le monarque, et le terme de *déchéance* fut prononcé. A ce mot, les partisans exclusifs de l'empereur, ceux qui voyaient la patrie dans un homme, et peut-être leur fortune dans Bonaparte, élevèrent des cris d'opposition, firent naître des difficultés singulières, et devenus formalistes un peu tardivement, ils opposèrent les lenteurs de la forme à la tranchante rapidité d'un vœu presque général. Il était en effet celui des monarchistes constitutionnels, des royalistes *bourboniens*, et des républicains fédéralistes. Les premiers, soit qu'ils eussent à nommer un conseil de régence, une commission exécutive, ou à restituer à la nation le choix d'une dynastie nouvelle, ou le rappel de la dynastie ancienne, étaient convaincus que s'écarter de la ligne constitutionnelle consacrée depuis vingt-cinq ans dans tous les actes constitutifs, c'était livrer la France aux violences arbitraires du despotisme, ou aux sanglantes extravagances de l'anarchie. Les royalistes ne voyaient de salut que dans la restauration de la maison de Bourbon, et divisés en *purs* qui demandent le retour du régime absolu, et en *mitigés* qui veulent tempérer les *gothicités* de ce régime, par les innovations du siècle, ils se réunissent dans leur amour pour le roi, dans leur irréconciliable haine pour l'Empereur. Quant aux républicains, qu'on a calomniés ou méconnus en leur attribuant la folle intention de rétablir la démagogie de 1793, il est présumable qu'ils eussent souhaité imprimer à la France l'organisation fédérative dont les Girondins avaient conçu l'idée : système qui, ne divisant les provinces que sous le rapport de l'administration, les réunit à un centre et sous un nœud politique commun. Ces trois partis, si divergens dans leur but, s'accordent souvent dans leurs moyens ; et aujourd'hui le principal est dans la déchéance ou l'abdication de Napoléon.

Pendant que les chambres tiraillées par ces quatre factions, obéissent à l'influence momentanée que chacune d'elles prenait et perdait alternativement, que se passait-il à l'Élysée ? Le monarque rêveur, silencieux, méditatif, écrivait rapidement des notes, qu'il anéantissait l'instant d'après. De dix minutes en dix minutes il recevait un bulletin des deux Chambres, et sa physionomie s'éclaircissait ou se rembrunissait selon la nature et la qualité des nouvelles. Des ministres, des conseillers d'état, une foule de fonctionnaires traversaient comme des ombres les appartemens et les bureaux. Un petit nombre se présentait chez lui, et après quelques mots insignifians il les congédiait. Je remarquai qu'il avait signé plusieurs lettres de grâce et la promotion de quelques chevaliers de la Réunion et de la Légion-d'Honneur.

Tout-à-coup un bruit d'une voiture plus rapide se fait entendre : c'était celle du prince Lucien. A son aspect, Napoléon pâlit sensiblement et rougit bientôt à l'excès. Eh bien ! lui dit-il brusquement. Le prince entraîne son frère dans l'allée la plus sombre ; je les suis de loin par des sinuosités connues, et j'arrive derrière un massif de verdure qui me cache les deux interlocuteurs. Je n'entendis probablement que la fin du colloque, que je rapporte fidèlement.

Le prince Lucien. Où est donc votre fermeté ? quittez ces irrésolutions, vous savez ce qu'il en coûte pour ne pas oser.

L'Empereur. Je n'ai que trop osé !

Le Prince. Trop et trop peu. Osez une dernière fois.

L'Empereur. Un dix-huit brumaire !

Le Prince. Pas du tout. Un décret très-constitutionnel. La constitution vous donne ce droit.

L'Empereur. Ils ne l'aiment pas la constitution ; ils l'appellent une pancarte barbouillée. Et s'ils s'opposent au décret ?

Le Prince. Les voilà rebelles, et mieux dissous encore.

L'Empereur. Ils ont fait un appel à la garde nationale ; elle ne m'aime pas : elle viendrait à leur secours.

Le Prince. La garde nationale n'a qu'une force de résistance ; quand il faudra agir, les boutiquiers songeront à leurs femmes, à leurs magasins.

L'Empereur. Un dix-huit brumaire manqué peut amener un treize vendémiaire.

Le Prince. Vous délibérez quand il faut agir : ils agissent, eux, et ne délibèrent pas.

L'Empereur. Que peuvent-ils faire ? Ce sont des parleurs.

Le Prince. L'opinion est pour eux. Ils prononceront la déchéance.

L'Empereur. La déchéance ! Ils n'oseraient.

Le Prince. Ils oseront tout, si vous n'osez rien.

L'Empereur. Voyons Davoust.

Ils rentrèrent au palais, où le prince d'Eckmülh fut mandé. Je n'ai pas su ce qui lui fut demandé, ni ce qu'il répondit ; mais à en juger par sa noble défense devant les représentans, il ne voulut rien tenter contre l'indépendance de la représentation.

Le prince Lucien, fort agité, monta en voiture quelques minutes après. Je lui entendis répondre an secrétaire *M*.... : que voulez-vous ? La fumée de Mont-Saint-Jean lui a tourné la tête ; c'est un homme confisqué.

L'empereur, hermétiquement calfeutré dans un arrière-cabinet, n'en sortit pas durant une heure. Il avait demandé de la gelée de bouillon et du café, qu'un valet de chambre lui fit servir, par un enfant que Napoléon avait distingué parmi le service du palais, et qui lui avait paru agréable. Cet enfant regardait l'Empereur qui, les poings appuyés sur les yeux, demeurait immobile. Mangez, lui dit-il, cela vous fera du bien. — N'es-tu pas de Gonesse ? — Non, sire, je suis de Pierrefitte. — Où tes parens ont une chaumière et quelques arpens ? — Oui, sire. — Voilà le bonheur !

Napoléon étant entré dans son grand cabinet, y trouva *L.. d'J...* et S. D..., deux de ses secrétaires, qui ouvraient des dépêches. Y a-t-il du nouveau ? demanda l'empereur.—Voici une lettre dont je n'ai ouvert que la première enveloppe ; elle est adressée *à sa majesté elle même*.—Donnez ; et l'Empereur lut.

« La nature avait fait beaucoup pour vous, la fortune fit davantage. Né dans un siècle héritier des siècles du génie et de la philosophie, héritier vous-même de toutes les révolutions comprises dans la révolution française, vous deviez fonder l'époque toujours désirée où le génie emploierait les révolutions, pour infuser la philosophie dans la politique, et pour conduire les nations à la félicité. Cette félicité est dans la stabilité et la dignité des gouvernemens légitimés par la possession consentie par un libre choix; elle est dans l'indépendance des nations et dans les libertés de leurs citoyens : indépendance sans conquêtes, libertés sans licence, propriétés sans priviléges, jouissance des droits honorée par l'exercice des devoirs. Voilà les bienfaits que la France, que l'Europe, attendaient de votre raison, de vos talens, de votre reconnaissance. La France demandait un gouvernement qui, démocratique dans sa source, et monarchique dans son usage, tempérât par des institutions mixtes l'aristocratie des corps intermédiaires. L'Allemagne réclamait un nœud plus fort, qui joignît sous un centre d'action plus uniforme les membres énervés de son corps gigantesque. L'Italie exigeait qu'une fédération religieuse réunît sous le joug sacré d'une même opinion ses peuplades divisées par la législation, mais déjà rapprochées par la langue, le goût et les mœurs. La Suisse voulait le repos de ses montagnes; la Hollande la protection de son commerce. L'Espagne, alliant à l'amour de la liberté politique des préjugés que la sévère philosophie combat, et que la politique plus accommodante ménage et utilise, l'Espagne invoquait à-la-fois le maintien de son culte, la restauration de sa monarchie, l'affranchissement de ses citoyens.

Il en était à-peu-près de même du reste de l'Europe. La lumière qui l'éclaira dans les dernières années du dix-huitième siècle, fut comme celle d'un incendie flamboyant et terrible. Une lueur douce, venue du nord, avait donné le signal d'une régénération progressive, sans secousses et sans réaction. Au lieu de vous en emparer pour le salut de tous, qu'avez-vous fait?

» Le ressort mécanique d'un instinct que la prudence seule peut transformer en génie s'est dilaté dans votre tête. Vous avez compris que l'énergie de votre caractère se fortifiait encore de l'énergie des circonstances; et ces deux instrumens, se prêtant un mutuel secours, vous avez donné au monde attentif le spectacle d'une ambition dévorante et jamais assouvie.

» Aux peuples remués par notre révolution vous avez promis l'indépendance et la liberté; aux rois, la dignité de leurs trônes et la restauration de leurs gouvernemens; aux religions, un rang et du respect; au commerce, de l'argent, des matières premières, la liberté, la protection; aux propriétaires, des lois et des garanties; aux prolétaires, vous avez permis des désirs et l'espérance. Ainsi, parlant aux principes, éveillant les paradoxes, caressant les passions, vous avez réuni les esprits les plus opposés, vous avez concilié les intentions les plus divergentes. Chacun cherche le bonheur: vous l'avez promis à tous.

» A qui l'avez-vous donné? à personne: au

simulacre de la liberté, qui enchanta la première période de la révolution, vous avez substitué le fantôme de la gloire. On tua sous le drapeau de l'une ; pour atteindre l'autre, qui fuyait toujours, on courut se faire tuer. De ces théories brillantes le résultat le plus évident est la mort.

» Que vous importait, cependant, pourvu qu'à votre nom la terre se tînt dans le silence ? Que vous importait, pourvu que l'Europe, partagée à vos frères, fût comme un champ de blé divisé à ses héritiers ? Votre système fédératif a été le moyen de ce morcèlement ; l'abaissement de l'Angleterre en fut le prétexte. Peut-être même en a-t-il été le motif ; car je ne vous refuse ni un patriotisme égoïste, ni une ambition cosmopolite. Qu'a-t-il donc manqué à votre génie ? le bon sens.

» Oui, le sens droit a délaissé votre intelligence, comme la sensibilité a manqué à votre âme. Doué de l'un ou de l'autre, vous auriez compris, vous auriez senti, qu'en opérant sur des hommes vous ne travailliez pas sur une matière brute. Qu'est-il résulté de ce mépris pour votre espèce ? que la minorité a pu rester votre complice, mais que la majorité, qui d'abord vous avait suivi, a préféré devenir votre victime. C'est ce que prescrivait l'honneur.

» Mais si l'honneur défend quelquefois d'appeler des secours, souvent il prescrit d'en profiter. C'est ce que viennent de faire vos ennemis. Les puissances de la terre ont armé les bras de leurs soldats pour se défendre ; nous nous en servirons pour vous punir.

» Toutefois, le châtiment d'un héros (car si Attila, Gengis et Tamerlan furent des héros, vous l'êtes aussi) consiste dans sa chute. La vôtre est résolue ; et pour que l'histoire la trouve légale, autant que les contemporains la croiront légitime, c'est l'autorité publique qui va la prononcer. Vos complices ne pourront crier qu'elle est l'ouvrage des baïonnettes du Kalmouck. Et pourtant, vous pouvez la prévenir. Réservez-vous l'honneur de descendre du trône, quand on peut vous en arracher. C'est le conseil d'un ennemi loyal, qui vous admira souvent, ne vous craignit jamais, et qui, au prix de son sang, eût voulu révérer en vous le sauveur du monde dont vous avez été le fléau. Cet ennemi ne peut quitter celui que son génie et la volonté nationale avaient fait souverain, sans lui dire ce que ne devrait pas lui taire son ami, s'il lui en reste : *abdiquez.* »

ΦΙΛΑΔΕΛΦΕΝ.

Que j'abdique ! s'écria l'Empereur, en serrant les lèvres et en froissant cette lettre. Qu'en pensez-vous ? dit-il à deux ministres d'état qui entraient. C'étaient MM. de B. et R. d'A. Le premier se tut. Je vous entends, dit Napoléon en pâlissant ; vous partagez l'avis de l'anonyme. M...t ne répondit rien. Et vous, comte R., quel est le vôtre ? — Avec des hommes et de l'argent vous eussiez riposté ; sans eux, que faire, sinon céder ? — Je suis en mesure de résister. — L'opinion est pour les Chambres, et l'opinion des Chambres demande un sacrifice. — Ici, l'on annonça le lieutenant-général S..g..c, membre de la chambre des représentans. S...g..c, s'écria l'empereur! il y a cinq ans qu'il ne m'a parlé. Que me veut-il ? les ministres sortirent et le général resta.

Cette entrevue importante se passa sans témoins ; et quoique tapi derrière la cloison d'où je pouvais voir les interlocuteurs, il me fut impossible de recueillir les détails de leur conversation. En voici néanmoins le résultat, que je tiens du général lui-même.

L'Empereur parut touché de le voir, car il y avait quatre à cinq ans que cet officier était en disgrâce. Celui-ci aborda franchement le motif qui l'amenait, et lui proposa de le soustraire à la flétrissure d'une déchéance en abdiquant. Ce mot concentra d'abord une sorte de rage dans le cœur de Napoléon, qui bientôt se soulagea en éclatant. M. de S...g..c laissa passer cette bouffée, et prenant pour texte la gloire de l'empereur (motif auquel celui-ci fut toujours sensible), le général lui fit comprendre que cet expédient était le seul moyen de la sauver. Il le convainquit de même que l'intérêt de sa famille était garanti par cette mesure. Cependant le monarque ne se rendait pas ; cette résistance qui dura plus d'une demi-heure, suggéra à M. de S...g..c l'heureuse pensée de nommer le jeune prince Napoléon. A ce nom l'âme du souverain, plus émue encore que l'âme du père, sembla s'ouvrir à des sentimens nouveaux. La discrétion de l'officier ne m'a pas permis de savoir de quelle nature ils pouvaient être. Seulement, je ne crois pas impossible de les soupçonner. La proclamation du prince impérial entraînait une régence, laquelle, en supposant l'exclusion positive du père, admettait pour tuteurs les oncles paternels et maternels de l'enfant. Or, dans cette hypothèse, le système impérial n'était que modifié, et, en admettant que les promesses de Napoléon, depuis son retour, ne fussent point illusoires, elle s'accordaient avec le vœu public, en réconciliant la France avec l'Europe, les usurpations avec la légitimité, et la liberté avec la gloire. L'empereur se détermina donc à abdiquer en faveur de son fils ; et le général S...g..c, en apportant aux représentans la nouvelle de cette résolution que son adresse, son courage, son dévouement avaient obtenue, épargna à l'empereur l'humiliation d'une déchéance ; à l'armée, la honte qu'elle aurait cru recevoir dans la personne de son chef ; à la nation, déjà si malheureuse, les troubles qu'auraient fait éclater une mesure si juste tout-à-la fois et si impolitique.

FIN DE LA TROISIEME PARTIE.

MÉMOIRES

POUR SERVIR A LA VIE

D'UN HOMME CÉLÈBRE.

NAPOLÉON A SAINTE-HÉLÈNE.

§. PREMIER.

Napoléon, après avoir demandé l'hospitalité au prince régent d'Angleterre, se rend à la croisière anglaise.

Bonaparte détrôné, moins par la défaite de Waterloo, que par un concours de circonstances trop longues à exposer, et sur-tout trop difficile à discuter ici, Bonaparte avait pris la résolution de passer aux États-Unis. Un navire marchand fut destiné à l'y transporter. Le capitaine, dit-on alors, avait conçu le projet de le sauver, lorsqu'il se trouvait à Rochefort. A cet effet, il avait fait matelasser intérieurement quelques tonneaux, dans lesquels il eût, au besoin, caché l'ex-empereur et sa suite. Il avait à bord toutes les provisions nécessaires pour le voyage, destiné, en apparence, pour Kiel : il eût, après avoir gagné la haute mer, fait voile directement pour New-Yorck. Qui fit avorter ce plan? on assura que c'était l'impatience de Bonaparte; mais à cette explication, qui est plus vraisemblable que vraie, qu'on n'oublie pas de joindre cette réflexion : Fouché présidait la commission de gouvernement, et dirigeait la police.

De Rochefort, l'ex-empereur écrivit au prince régent d'Angleterre la lettre suivante, que nous rétablissons dans la pureté de son texte : cette lettre avait été confiée au général Gourgaud, que les vents contraires retinrent dans la rade de Plymouth, et qui revint auprès du général Bertrand, sans avoir rempli sa mission.

ALTESSE ROYALE,

En butte aux factions qui divisent ma patrie, et aux hostilités des puissances de l'Europe, j'ai dû terminer ma carrière politique, et viens, comme Thémistocle, m'asseoir sur les foyers du peuple britannique. Je me place sous la protection de ses lois, et en réclame la sauve-garde de votre altesse royale, comme du plus puissant, du plus constant, du plus généreux de mes ennemis.

Napoléon.

Le 14 juillet 1815, le capitaine Maitland écrivit à sir J. W. Crooker, secrétaire de l'amirauté, que le comte Las-Cases et le général Lallemand s'étaient rendus à bord du *Bellérophon*, de la part de Napoléon, qu'ils lui proposaient de recevoir, et qui s'en rapportait à la générosité du prince régent.

Le 15, le préfet maritime Bonnefoux écrivit au ministre de la marine que Bonaparte, embarqué sur le brick *l'Épervier*, armé en parlementaire, s'était rendu à la croisière anglaise, ainsi que sa suite. Il est à remarquer que le capitaine Maitland, commandant *le Bellérophon*, voyant manœuvrer vers lui le brick parlementaire, avait arboré le pavillon blanc à son mât de misaine.

Le *Moniteur* avoua que des mesures adroites, sûres et multipliées, avaient été prises pour prévenir l'évasion possible et présumée de Napoléon. Dans sa *Relation de la Campagne de 1815*, le général Gourgaud dit formellement que Fouché trahissait à la fois la nation, les chambres et l'empereur, et, d'accord avec le parti vendu à l'ennemi, avait promis de lui livrer ce prince. Les journaux du temps confirment cette assertion en l'expliquant. L'arrestation de Bonaparte, disent-ils, avait été préparée avec une grande habileté : il eût été également dangereux, et de l'arrêter plus tôt et de l'arrêter autrement qu'on ne l'a fait. Il était même nécessaire qu'il se crût libre, et qu'il ne s'aperçût pas, ou qu'on ne s'aperçût pas de la surveillance dont il était l'objet. Hors d'état, après son abdication, de renouveler la lutte avec quelqu'espoir de succès, il pouvait néanmoins causer encore de grands malheurs, s'il eût suivi le conseil de quelques furieux. L'intérêt de l'humanité exigeait donc qu'on eût pour lui beaucoup de ménagemens, sur-tout qu'on y mît beaucoup d'adresse. C'est ainsi qu'on est parvenu à le conduire sans bruit à Rochefort. Il est resté plusieurs jours en rade, ayant sans cesse une lunette braquée sur la fatale croisière anglaise, et ne trouvant pas moyen d'y échapper. Trois fois il se fit mettre sur un canot pour rentrer à Rochefort; mais chaque fois il aperçut qu'il était non moins rigoureusement surveillé du côté de la terre; et comme il fallait enfin se déterminer à quelque chose, il aima mieux se rendre aux Anglais.

Suivant les ordres transmis par le télégraphe au capitaine Maitland, il s'éloigna de trois lieues de la côte, empêcha toute communication, et, après s'être approché de Torbay, il se rendit à Plymouth. C'est maintenant, disent les journaux anglais, que la victoire de Waterloo est complète. La nouvelle que Bonaparte a été fait prisonnier produisit un grand mouvement à la bourse, et une joie éclatante dans *la capitale du monde.* (Ce sont d'orgueilleux marchands de la cité qui parlent.) La curiosité s'empara de toutes les classes. Une foule immense de la province et de Londres accourut à Plymouth pour voir Napoléon, quoique l'on sût très-bien qu'il ne descendrait pas à terre, et qu'on ne permettrait à personne de se rendre à bord du vaisseau.

Une lettre datée de Rochefort, le 19 juilllet, donne, sur ces momens critiques de l'existence de Napoléon, quelques détails précieux par leur vérité, parmi lesquels, cependant, la sagacité du lecteur démêlera plusieurs circonstances controuvées.

.... « Pendant son séjour en rade, Bonaparte n'a montré que faiblesse et hésitation dans les mesures qu'il a cherché à prendre pour se soustraire à ses ennemis. A son embarras, à ses anxiétés, se joignait un assoupissement insurmontable qui s'était emparé de ses sens. Soit à l'île d'Aix, où il est resté deux jours, soit à bord de *la Saale*, le sommeil venait l'accabler au milieu même de la conversation. Plus le danger devenait pressant, plus son indécision augmentait. Il se méfiait des conseils qui lui étaient donnés pour se sauver. Le projet de partir sur les frégates avait été abandonné depuis que le commandant anglais avait refusé de le laisser passer. Il résolut de se défendre à l'île d'Aix : il y fit manœuvrer le quatorzième équipage, et disposer les batteries, en cas d'attaque; mais de l'aveu même de ses plus chauds partisans, témoins oculaires, une partie de son énergie l'avait abandonné. Aux acclamations des marins, il répondit qu'il n'était plus temps; qu'on lui avait laissé ignorer le dévouement de sa marine; que ces corps auraient dû être habillés, et qu'il voyait bien que Decrès l'avait trompé comme les autres... Au milieu de ses incertitudes, il lui prend envie de fréter un bâtiment danois, et d'échapper, s'il se peut, à la croisière anglaise. Des considérations font rejeter ce moyen. Un autre est tenté sur-le-champ : deux bâtimens français sont achetés pour la somme de 14,000 francs; on les arme à la hâte. Huit officiers du quatorzième, habillés en matelots, formaient une partie de son équipage : ils étaient commandés par M. G***, capitaine dans ce corps. Le rôle d'équipage, arrêté à l'inscription maritime, venait d'être envoyé à bord. On pouvait donc croire que c'était un parti pris. Tout était prêt pour le départ; mais M. Bertrand et sa femme fondaient en larmes; ils étaient effrayés d'un voyage aussi périlleux, entrepris sur une frêle barque de douze tonneaux.

« Bonaparte assemble à bord le conseil, et demande quelles sont les chances qu'il va courir. Le capitaine Philibert, commandant *l'Amphytrite*, lui déclare qu'il ne peut répondre du succès de son voyage; tout l'état-major est du même avis. C'est alors qu'il prend le parti de se livrer à ses ennemis, etc.... »

Le fond de ce récit est vrai; plusieurs détails en sont altérés par la passion qui tenait la plume. 1º Jamais Bonaparte n'eut le projet insensé, et plus fou pour lui que pour tout autre, de se défendre à l'île d'Aix, position mauvaise, qu'il est ridicule de supposer qu'il voulût garder, tandis qu'il en avait cent autres encore à sa disposition. En effet, rien ne lui eût été plus facile alors que de se retirer derrière la Loire, et d'y reprendre le commandement d'une armée à laquelle son abdication avait ôté l'ame, mais à laquelle sa présence l'eût rendue. Que devenaient, dans ce cas, l'occupation de Paris et les faciles conquêtes, que la capitulation du 3 juillet avait livrées aux alliés? Du moins, on remettait en question ce que Waterloo semblait avoir décidé. 2° Le capitaine Philibert ne commanda jamais, même par *intérim*, la frégate *la Saale*, mais *l'Amphytrite*. 3° Parce que les marins ne sont pas habillés, sur-tout après les évènemens de 1814, il ne s'ensuit pas que le duc Decrès, qui ne fut point ministre à cette époque, ait pu être suspecté de trahison. 4° Madame Bertrand peut être représentée comme *fondant en larmes*, quoique le caractère connu de cette dame s'accorde peu avec une telle pusillanimité; mais, peindre le général Bertrand pleurant comme un sot, c'est commettre soi-même une sottise ridicule et gratuitement incroyable. 5° Deux bâtimens français devenaient plus suspects à la croisière anglaise qu'un bâtiment danois, et ne pouvaient obtenir le passage aussi facilement que lui. 6° Deux bâtimens armés exigent plus de huit matelots d'équipages ; et pourquoi huit officiers se seraient-ils déguisés en matelots, quand il y avait tant de matelots dévoués à celui qu'ils regardaient toujours comme leur empereur ? 7° Deux bâtimens armés n'ont rien de commun avec une frêle barque, et les périls que la mer eût fait courir à leurs bords, ne sauraient avoir été proposés par Bonaparte pour sujet d'une délibération, ni sérieusement examinés par son état-major.

Poursuivons le récit anonyme dans lequel la vérité principale perce parmi quelques erreurs : « Le 15, à quatre heures du matin, l'ex-monarque, revêtu d'un habit de dragon et accompagné de sa suite, laisse la frégate en se frottant les mains. Lui-même avait présidé à l'embarquement de son monde et de ses effets. Le vent et la marée étaient contraires : il n'arrive qu'à huit heures à bord du commandant anglais, mouillé dans la rade des Basques. Il y est honorablement reçu. Avec une contenance ferme, il dit : Le sort des armes m'amène chez mon plus cruel ennemi, *mais je compte sur sa loyauté.* Ensuite, il questionne l'état-major sur la force du vaisseau, sur son armement, et visite toutes ses batteries comme dans une revue...., etc. »

On formait en Angleterre diverses conjectures sur le sort de Bonaparte. On savait qu'il arriverait à Plymouth, sur *le Bellérophon* le 26 juillet: les uns lui destinaient un appartement dans la tour de Londres, où l'on faisait des préparatifs pour le recevoir. On y a placé, disaient quelques journaux, de beaux tapis et des rideaux de soie aux fenêtres. D'autres désignaient pour lui le château de Dumbarton, situé sur un roc élevé au-dessus de deux vallées profondes, sur la rivière de Clyda, entre Glascow et Greenock. Il domine une contrée délicieuse; sa vue est superbe, mais il est impossible d'en échapper. Quelques personnes prétendaient qu'il serait envoyé immédiatement à Sainte-Hélène, où il serait gardé par un régiment anglais. Il est décidé ajoutait le *Sun*, qu'il sera considéré et traité comme un simple général, le gouvernement anglais n'ayant jamais reconnu l'empire ni son titulaire. Le *Morning-Chronicle* disait ensuite: Aussitôt que l'on sut que Bonaparte était étroitement cerné par terre et par mer à Rochefort, il fut décidé qu'il serait envoyé à l'île Sainte-Hélène, sous la sauve-garde du gouvernement anglais. Une garantie générale sera donnée à l'Angleterre par toutes les puissances contractantes, contre toutes demandes de la part de la France, qui auraient pour but de le réclamer comme prisonnier de guerre, et sous le prétexte que les circonstances sont changées. Ainsi, Napoléon ne viendra point en Angleterre.

§ II.

Station à Plymouth.

Une analyse succincte, mais **exacte**, des journaux anglais de l'époque, donnera, sur l'évènement qui nous occupe, des lueurs peut-être en apparence contradictoires, mais où l'histoire trouvera nécessairement la lumière de la vérité. Ces renseignemens ont l'avantage de conserver aux localités toute leur topographie morale, et aux personnages qui y jouent un rôle toute la mobilité de leur physionomie.

27 *Juillet.* Le Bellérophon, ayant Bonaparte à bord, a mouillé hier à Plymouth. Un capitaine et quarante hommes de l'artillerie, sont commandés pour conduire Napoléon à

Sainte-Hélène. L'affluence à Torbay et à Plymouth est incalculable. (*The Courrier.*)

28 *Juillet.* L'amiral sir Georges Cockburn conduira l'ex-empereur à sa nouvelle destination. Par arrangement fait avec la compagnie des Indes, Sainte-Hélène est à la disposition du Roi, qui y mettra garnison et nommera le gouverneur. (*The Star.*)

29 *Juillet.* Le vaisseau amiral *le Northumberland* est choisi pour le transport de Napoléon à Sainte-Hélène. On bâtira dans cette île une maison pour sir Hudson Lowe, commissaire chargé de la surveillance du despote tombé. (*The Sun.*)

Sir Lowe succédera à M. Wilken, gouverneur actuel pour la compagnie, dont les troupes seront remplacées par un régiment du Roi. Les dépenses pour cet établissement feront partie du contingent anglais demeuré sur pied à l'effet de maintenir la paix du continent.

On ne permettra point à Bonaparte d'emporter des sommes considérables, parce qu'on lui fournira toutes choses nécessaires à son établissement. (*The Sun.*)

31 *Juillet.* Le colonel sir Henri Bunburry, sous-secrétaire d'état, accompagné de M. Bathurst, fils du lord de ce nom, sont partis hier

de Plymouth, afin de communiquer à Bonaparte la résolution du cabinet sur son sort futur. Cette résolution a été prise de concert avec les puissances alliées. On ne permet qu'à un certain nombre de domestiques d'accompagner l'usurpateur. On bâtira une maison pour lui ; on lui donnera vingt-cinq acres pour son jardin. Il ne pourra emporter aucune propriété mobiliaire de quelque valeur.

Le général Gordon, commandant à Plymouth, a ordre de tenir prêt le 53e régiment. *Le Northumberland*, vaisseau de soixante-quatre, capitaine Ross, doit se rendre à Plymouth. *Le Bucéphale* et *le Ceylan* ont reçu le même ordre. A l'arrivée de ces vaisseaux et de ces troupes, Bonaparte sera transféré sur *le Northumberland*, et fera voile pour Sainte-Hélène. (*The Star.*)

1er *Août.* Napoléon proteste hautement contre la résolution des puissances qui l'envoie au-delà des mers. (*The Courrier.*)

Lord Keith, en qualité d'amiral de la flotte, a fait lire à Napoléon Bonaparte la détermination du cabinet qui l'envoie à Sainte-Hélène, et qui règle la manière dont il y sera traité. L'ex-empereur a sur-le-champ adressé à lord Keith des remontrances contre cette mesure. On lui permettra d'emmener avec lui trois de ses amis et douze domestiques. Il n'a en argent et en billets que 200,000 livres sterling (4,800,000 fr.). (*The Star.*)

2 *Août.* Sir G. Cockburn a eu son audience de congé avant son départ pour Plymouth, où il doit prendre le commandement du *Northumberland*. Bonaparte sera traité comme un général *qui se serait rendu à discrétion.*

Bonaparte, dit-on, veut se prévaloir de l'*Habeas corpus*, comme d'un moyen pour se soustraire à la déportation. Le jurisconsulte Capel Loff a publié dans le *Morning-Chronicle* une lettre à ce sujet; il y prétend que « Napo-« léon Bonaparte, après avoir abdiqué l'em-« pire, s'est rendu librement et volontairement, « non à la croisière anglaise, comme prison-« nier, mais sur la flotte, *comme hôte du* « *peuple et du gouvernement anglais.* » M. Waddington veut se charger de cette affaire et a envoyé copie de sa requête au lord-maire. Celui-ci l'ayant trouvée rédigée en termes trop forts, n'a pas voulu en faire l'objet d'une discussion publique. (*The Courrier.*)

On a demandé à ce sujet, où est, en Angleterre, ce respect si vanté pour les lois, la liberté individuelle et les prérogatives de la défense?

A cette objection, les ministres ont fait répondre par l'adage fameux qui couvre tant de crimes, de sottises et d'erreurs: *Salus populi*.

4 Août. Bonaparte aura une maison nombreuse, dont trois aides-de-camp et douze domestiques feront partie. Quelques journaux prétendent qu'il n'aura qu'un valet de chambre et son propre cuisinier. Toutes ses lettres seront ouvertes par le gouverneur. Il aura une maison convenable. Il aura la permission de prendre tous les exercices que le local de l'île admet. Il sera accompagné d'un officier et de deux hommes d'ordonnance qui auront ordre de le fusiller, dans le cas où il tenterait de s'évader et où il serait hors de leur atteinte. Il n'aura d'argent que ce qui lui est indispensable pour subvenir aux dépenses courantes, les frais de son entretien étant à la charge du gouvernement. (*The Times.*)

5 Août. La frégate *la Liffey* a fait voile hier pour la France ayant à son bord les généraux Bertrand (c'est une erreur), Savary et Lallemand. Tous les soirs un nombre immense de de personnes vont à bord des chaloupes pour essayer de voir Bonaparte. (*The Courrier.*)

2 Août. (A bord du *Bellérophon*). « C'est dimanche que nous sont parvenus les papiers qui contiennent la détermination prise de transporter l'empereur à Sainte-Hélène. Comme il demande très-exactement les journaux, qu'il se fait lire par madame Bertrand, l'article qui le concerne, et qui d'ailleurs fait le sujet de toutes les conversations, ne lui a point échappé. J'avais déjà entendu parler de sa résolution de ne point se laisser embarquer. Madame Bertrand m'a dit qu'il avait positivement déclaré qu'on lui arracherait plutôt la vie. Dans la soirée de dimanche, il donna des marques d'une grande agitation; et le lundi, quand il reçut l'avis officiel de sa destination, une pâleur mortelle couvrit tout à coup son visage, et il ne resta que quelques minutes sur le pont. Je crains qu'à l'arrivée du *Northumberland*, il ne nous rende témoins de quelques scènes tragiques.

« Une circonstance assez singulière, qui a eu lieu dimanche, nous sembla le présage de cette catastrophe. Vers les neuf heures du soir, M. et madame Bertrand se promenaient, en causant avec vivacité, sur le côté du pont opposé à celui sur lequel j'étais. Tout à coup madame Bertrand se précipite dans la cabine de *son* empereur, se jette à ses pieds; puis, après quelques instans, se relève, court dans sa propre chambre, et se précipite par la fenêtre... Déjà la moitié de son corps était dehors, lorsque le général Montholon vint heureusement à temps pour la retenir. Elle est demeurée toute la nuit dans un état de délire... »

8 *Août.* C'est lord Keith qui a été chargé de porter à Napoléon la décision du gouvernement anglais pour le transporter à Sainte-Hélène. L'ordre était en anglais. L'ex-empereur dit à lord Keith de le lui traduire; et trouvant qu'il ne l'expliquait pas d'une manière assez claire, il le lui arracha, et le remit à lord Townbrigge, qui se trouvait présent, en lui disant avec rapidité : Vous saurez peut-être mieux traduire. Après en avoir entendu la lecture, et avoir médité quelques instans, il répondit à peu près en ces termes : « J'offre « au prince régent la plus belle page de son « histoire... J'avais l'intention de m'établir en « Angleterre; j'y desirais une résidence à « trente lieues de la mer. Qu'on me donne un « commissaire, je veux me faire naturaliser « ici. Je sais qu'il faut plusieurs années de ré- « sidence pour y parvenir; mais je prouverai, « par ma conduite, que je suis digne de de- « venir Anglais... Alors, je donnerai ma parole « de ne plus me mêler des affaires politiques.

« Si les Anglais ne veulent pas me recevoir,
« j'irai chez mon beau-père ou chez Alexandre.

« L'Angleterre pourrait tout au plus me
« traiter en prisonnier de guerre, puisque le
« drapeau tricolore flottait encore à Nîmes, à
« Bordeaux, lorsque je me suis rendu.

« D'ailleurs, je ne me suis pas rendu comme
« prisonnier, ni à discrétion. J'aurais fait des
« conditions, j'en pouvais faire; on les eût
« acceptées, ou au moins débattues. Je suis
« venu demander l'hospitalité au peuple an-
« glais et me mettre sous la garantie de son
« gouvernement.

« Je ne consentirai jamais à passer à l'île
« Sainte-Hélène, parce que le climat m'est
« contraire, et que j'ai l'habitude, pour ma
« santé, de faire vingt lieues par jour.

« Si on me force d'y passer, je périrai avant
« trois mois, et alors l'Angleterre sera res-
« ponsable de mon assassinat.

« J'aurais pu faire en France une longue
« guerre de partisans, puisqu'avec six cents
« hommes j'ai détrôné le roi de France, qui
« avait une armée de trois cent mille hommes.

« Waterloo perdu par les alliés eût causé
« leur ruine; pour moi, ce n'était qu'un échec
« qui replaçait la campagne dans l'assiette la

« plus favorable pour moi, la plus périlleuse
« pour eux. Avant le 15 juillet, il me revenait
« cent trente mille hommes sur l'Aisne, entre
« Laon et Soissons. Mon abdication, faite au
« besoin de la concorde, enhardit les alliés,
« au point que, malgré l'armée rassemblée
« sous Paris, ils marchèrent par la vallée de
« Montmorency, et arrivèrent à Saint-Ger-
« main et à Versailles, laissant leur flanc gauche
« entièrement à découvert et exposé à l'armée
« française. Quand je connus cette impru-
« dence, à laquelle la timidité de votre Wel-
« lington ne me permettait pas d'abord
« de croire, je demandai à me mettre,
« comme général, à la tête de l'armée fran-
« çaise. Je tombais, avec toutes ses forces, sur
« le flanc et sur les derrières de l'ennemi; je
« sauvais, pour le moment, la capitale, et pré-
« venais une capitulation où rien n'a été sti-
« pulé, ni pour les droits de la nation, ni pour
« les garanties de l'armée... Dans ces circons-
« tances, je le répète, je me suis présenté
« volontairement pour passer en Angleterre,
« comme son hôte, et ne puis, sans violer tous
« les droits, être regardé ni traité comme pri-
« sonnier. » (*The Courrier. Relation du général* Gourgaud.)

9 *Août.* L'amirauté vient de recevoir officiellement la nouvelle de la translation de Bonaparte à bord du *Northumberland.* Il s'est conduit fort doucement dans cette circonstance. Le vent étant favorable, il a dû sortir du canal de la Manche dans la soirée du 7. (*The Courrier.*)

10 *Août. Le Bellérophon* et *le Tonnant* ont appareillé de la rade de Plymouth, le 4 août, et nous devons commencer par démentir le bruit qu'ils sont partis pour éviter les effets d'un *writ* rendu en vertu de l'*Habeas corpus.* Le fait est que le concours d'un grand nombre d'embarcations dans la rade de Plymouth, qui avait déjà coûté la vie à plusieurs personnes, a déterminé le gouvernement à éloigner immédiatement *le Bellérophon,* et que le *writ* dont on parle n'était qu'une assignation au banc du roi, obtenue par un particulier qui a une cause pendante à cette cour, et dans laquelle il s'est imaginé avoir besoin du témoignage de Napoléon, de l'ex-roi Jérôme et de l'amiral Willaumez.

Le Northumberland a fait voile de Portsmouth vendredi 4 août. Le dimanche, en approchant de Torbay, il vit venir à lui deux vaisseaux de guerre. C'était *le Bellérophon,* sur lequel était Bonaparte, et *le Tonnant*, monté par l'amiral Keith. *Le Northumberland* les héla, et demanda *le général Bonaparte*, qui depuis quelques jours n'était pas sorti de sa chambre. Le général Bertrand vint le premier et dîna à bord du *Tonnant*, avec l'amiral Keith et sir Georges Cockburn. Sir Georges lui fit part de ses instructions relatives au ci-devant empereur : une d'elles porte que son bagage sera visité. Le général exprima avec force son opinion contre la mesure de déporter *l'empereur* à Sainte-Hélène, lorsque son desir et son attente étaient de vivre tranquille en Angleterre, sous la protection des lois anglaises.

Après le dîner, les deux généraux et Bertrand se rendirent à bord du *Bellérophon*. Avant leur arrivée, les armes et les pistolets de Bonaparte lui avaient été enlevés, non sans beaucoup d'opposition de la part des officiers français. Ceux qui ne doivent pas l'accompagner ont été mis à bord de la frégate *l'Eurotas*. Tous ont témoigné la plus grande répugnance à cette séparation, sur-tout les officiers polonais. Il a pris congé d'eux individuellement. Le colonel polonais Pitowski voulait absolument le suivre. Il a reçu dix-sept blessures au service de la France, et a déclaré que plutôt que d'abandonner *l'empereur* (c'est le titre que sa suite continue de lui donner), il le servirait comme domestique. L'ordre d'éloigner spécialement tous les Polonais étant absolu, le colonel a été mis à bord de *l'Eurotas*. Savary et Lallemand ont été laissés sur *le Bellérophon*.

Nous continuons d'extraire des détails qui, quoique minutieux, ne sembleront pas fastidieux, parce qu'ils concernent l'homme le plus extraordinaire des temps modernes, observé dans une des positions les plus critiques de sa vie aventureuse. — Lorsque lord Keith et Sir G. Cockburn montèrent à bord du *Bellérophon*, Bonaparte était sur le pont pour les recevoir. Après les salutations d'usage, lord Keith s'adressant à l'ex-empereur, l'informe qu'il devait être transféré du *Bellérophon* sur *le Northumberland*. Bonaparte protesta immédiatement et avec la plus grande véhémence contre cet acte du gouvernement anglais. Je ne m'attendais pas à cela, s'écria-t-il ; je ne pouvais m'y attendre ; je ne conçois pas qu'on puisse faire d'objection raisonnable contre ma résidence en Angleterre pour le reste de ma vie.

Les amiraux ne firent aucune réponse. Un officier anglais qui était près de lui, dit que s'il n'avait pas été livré à Sainte-Hélène, on l'aurait livré à la Russie. Bonaparte répondit sur-le-champ : Dieu me garde des Russes ! En prononçant ces mots, il jeta les yeux sur Bertrand et haussa les épaules.

Sir Georges Cockburn dit alors à Bonaparte: A quelle heure, demain matin, viendrai-je, *GÉNÉRAL*, et pourrai-je vous recevoir à bord du *Northumberland ?* Bonaparte, surpris du titre de général, répondit : A dix heures. Bertrand, madame Bertrand, les généraux Savary et Lallemand, le comte et la comtesse de Montholon étaient debout autour de *leur* empereur.

Sir Georges demanda s'il avait besoin de quelque chose avant de mettre en mer? Bertrand répondit : Vingt jeux de cartes, un trictrac et un jeu de domino. Madame Bertrand demanda quelques meubles, qui lui furent fournis peu de temps après.

Un des officiers de la suite de Bonaparte se plaignit de ce qu'on avait manqué de foi à l'empereur, qui croyait rester avec toute sa suite en Angleterre. Bonaparte demanda à lord Keith ce qu'il en pensait? Celui-ci, esquivant la réponse, répondit : J'obéis aux ordres de mon gouvernement. Alors Bonaparte ayant exprimé le desir d'avoir une conférence avec lord Keith, celui-ci refusa : Elle ne pourrait vous être d'aucune utilité, ajouta-t-il; mes pouvoirs ne laissent rien à ma discrétion. Votre sort est fixé, et désormais il ne peut changer.

Un officier anglais qui était près de l'ex-monarque, dit: Vous auriez été pris, si vous étiez resté à Rochefort une heure de plus, et envoyé à Paris. Bonaparte fixa ses regards sur cet officier, et ne dit pas un mot. Un des généraux de sa suite se détourna en prononçant avec humeur le nom de *Fouché*. Il paraît certain en effet que c'est à l'incomparable adresse de ce ministre que nous devons cette capture importante, par laquelle il a mérité l'oubli, ou du moins le pardon de ses crimes révolutionnaires, dont on dit qu'il s'inquiète fort peu; mais ce qui l'intéresse beaucoup, c'est la place de ministre de la police du Roi de France, laquelle, sous un gouvernement faible et trembleur, est bien la première de l'état.

Après avoir fait quelques questions sur Sainte-Hélène, Bonaparte changea de conversation et se répandit contre le gouvernement en invectives auxquelles personne ne répondit. Nous ignorons s'il avait ou non l'idée d'un *writ* d'*Habeas corpus;* mais il aurait fort desiré d'aller à terre. Il témoigna une sorte d'indignation de ce qu'on l'appelait général. Vous m'avez envoyé des ambassadeurs comme à un potentat, dit-il ; vous m'avez reconnu comme premier consul. Tout le temps qu'il a parlé, il n'a cessé de prendre du tabac. Après lui avoir rappelé que la chaloupe du *Northumberland* viendrait le prendre lundi matin à dix heures, lord Keith et sir Georges se retirèrent.

De bonne heure, dans la matinée du lundi, Sir Georges Cockburn se rendit à bord du *Bellérophon*, pour surveiller l'inspection du bagage de Bonaparte. A onze heures, lord Keith, dans la chaloupe du *Tonnant*, s'est rendu à bord du *Bellérophon*, pour recevoir Bonaparte et ceux qui doivent l'accompagner. Napoléon s'est plusieurs fois adressé au capitaine Maitland et aux officiers anglais. Lorsqu'il a été dans la chaloupe, il a ôté son chapeau et les a salués. Maingaut, chirurgien de Bonaparte, a refusé de le suivre ; celui du *Bellérophon* a offert de prendre sa place.

Savary avait une peur mortelle d'être livré au gouvernement français. Il répétait souvent que l'honneur de l'Angleterre ne permettait pas qu'il fût reporté sur les côtes de France. (Depuis, il a été transféré à Malte, d'où il s'est échappé avec les généraux Lallemant. Ceux-ci sont au Texas, où ils forment un établissement indépendant, sous le nom du Champ-d'Asile. (Savary était encore à Smyrne, quand ceci a été écrit.)

Vers midi, la chaloupe du *Tonnant* atteignit *le Northumberland*. Bertrand mit le premier le pied sur le pont; après lui, Bonaparte monta l'échelle du vaisseau avec la vivacité d'un marin. La garnison était sur le pont et le reçut comme un général, en lui présentant les armes; il ôta son chapeau. Aussitôt qu'il fut sur le pont, il dit à sir Georges Cockburn : Je suis à vos ordres. Il salua lord Lowther et M. Littleton, qui se trouvaient auprès de l'amiral, et leur dit quelques mots auxquels ils répondirent. Il dit à un officier: Dans quel corps servez-vous? L'officier répondit : Dans l'artillerie. Bonaparte répliqua sur le-champ: Je sors de ce service moi-même. Après avoir pris congé des officiers du *Bellérophon*, qui l'avaient accompagné, il se rendit dans l'arrière-cabine, où étaient rassemblés lord Keith, sir Georges Cockburn, lord Lowther, M. Littleton, etc.

Je n'ai jamais donné, dit le général Bertrand, mon adhésion au gouvernemeut de Louis XVIII. Il est donc évidemment injuste de me proscrire. Je reviendrai dans un an pour veiller à l'éducation de mes enfans.

Madame Bertrand paraissait accablée. Elle dit qu'elle avait été obligée de quitter Paris, sans pouvoir emporter les choses nécessaires. Elle parla ensuite de son mari d'une manière très-flatteuse pour lui, très-honorable pour tous deux; elle ajouta que l'empereur était un trop grand-homme pour être accablé par le malheur, et finit en exprimant le desir d'avoir quelques journaux de Paris.

Le comte de Montholon parla des embellissemens que l'empereur avait fait faire à Paris et dans les principales villes *de l'empire.* Il dit que le tempérament bilieux de ce prince exigeait beaucoup d'exercice. La comtesse de Montholon, qui est une femme très-intéressante, a peu parlé.

Le général Bertrand demanda ce que nous aurions fait si nous avions pris Bonaparte en mer : Ce que nous faisons maintenant, lui fut-il répondu. Dns l'après-midi, lord Keith prit congé de Bonaparte, et retourna à bord du *Tonnant.* Lord Lowther et M. Littleton entrèrent alors en conversation avec lui. Comme il était fort communicatif, et qu'il paraissait desirer un entretien particulier et entièrement libre avec ces deux gentilshommes d'un caractère et d'un esprit également distingués, ils profitèrent de l'occasion, et passèrent presque toute sa conduite en revue. Nous savons qu'ils lui demandèrent comment il avait pu commettre la faute d'attaquer l'Espagne; les motifs des décrets de Milan et de Berlin; de la guerre avec la Russie; du refus des conditions de paix qui lui furent offertes après la première capitulation de Paris. A toutes les questions, il fit des réponses détaillées : loin d'éviter la discussion, il la provoquait. Nous aurons peut-être l'occasion de faire connaître les détails de cet entretien intéressant.

La cabine de Napoléon, sur *le Northumberland*, est meublée avec la plus grande élégance; son lit sur-tout est d'une rare beauté. Ses valets de chambre et toutes les personnes de sa suite continuent à lui donner les titres impériaux et à le traiter avec le respect que ces titres commandent envers ceux qui en sont revêtus.

14 *Août*. L'escadre qui transporte Bonaparte et sa suite à l'île Sainte-Hélène, est sortie du du canal de la Manche dans la journée du 11 août. Cette escadre est composée du vaisseau de ligne *le Northumberland*, de plusieurs bâ-

timens, tels que *le Weymouth, la Havanah, le Redpole, la Zénobia, l'Icarus*, brick-aviso détaché en avant.

On avait laissé à Bonaparte et à ses compagnons la liberté d'acheter en Angleterre tous les objets de luxe ou de simple commodité qu'ils pourraient desirer. Ils ont, en conséquence, souvent envoyé à terre, où ils ont fait acheter un billard, des jeux de cartes, d'échecs, etc.; les meilleurs vins et les meilleurs livres anglais, l'ex-empereur étant devenu tout à coup grand amateur de l'idiôme britannique. Napoléon a prié M. O'Mears, chirurgien du *Bellérophon* de le suivre en cette qualité : lord Keith y ayant consenti, l'échange avec le chirurgien du *Northumberland* a eu lieu aussitôt. (*The Star.*)

12 *Août.* M. Mulligan, négociant à Bath, s'est rendu à Plymouth, mercredi 9 août, pour y voir l'objet de la curiosité publique. Ayant demandé l'heure la plus favorable, on lui répondit : Cinq heures du soir. Mais son impatience ne lui permettant pas d'attendre, il loua une barque, et à deux heures se fit conduire vers *le Bellérophon*. Aucune embarcation n'étant alors en mer, il put s'approcher du vaisseau. Bientôt il vit Napoléon à la fenêtre de sa chambre, occupé à déchirer des papiers,

et qui, après les avoir mis en pièces, les jeta à la mer. M. Mulligan parvint à s'emparer de quelques-uns de ces fragmens que la marée porta vers sa barque. A son retour à Bath, il découvrit que ces fragmens étaient, sinon d'une grande importance, au moins d'un assez vif intérêt. Ils ont été transmis au gouvernement par sir John Coxe Hipesley. Parmi ces pièces se trouve une lettre d'un Américain à Bonaparte, datée de Paris, le 22 juin, de laquelle il existe encore une partie assez considérable pour juger qu'elle contenait des choses d'une nature trop importante, pour qu'il ne soit pas prudent de la publier dans les circonstances actuelles. Il y a des pièces d'un moindre intérêt : la traduction du discours du prince régent à l'ouverture et à la clôture de la dernière session du parlement; la pétition d'un officier mécontent; une lettre du roi Murat au général Drouet, dans laquelle ce prince prie le général de s'intéresser pour lui auprès de l'empereur. Mais le plus curieux, et heureusement le moins incomplet de ces fragmens, est celui d'une lettre à Marie-Louise, évidemment écrite après sa dernière abdication, et de sa propre main, sur un papier à son usage particulier, portant l'empreinte de son profil dans les filagranes dans la pâte du papier, avec ces mots autour : *Na-*

poléon, empereur des Français. Voici la copie de cette pièce :

« Madame, très-chère et honorée épouse, n'écoutant de nouveau que l'intérêt de la France, je vais abdiquer le trône, et en terminant ma carrière politique, faire commencer le règne de notre cher fils. Ma tendresse pour vous et pour lui ne m'en fait pas moins une loi que mes devoirs de monarque. Qu'il assure, comme empereur, le bonheur de la France, et comme fils, le bonheur et la gloire de sa mère, mes vœux les plus chers seront accomplis. Cependant, si même dans sa plus tendre enfance, je puis lui remettre tous mes pouvoirs, en qualité de chef de l'état, je ne puis, il en coûterait trop à mon cœur, d'immoler de même les droits inviolables de... » (*The Sun.*)

§. III.

Protestation de l'Empereur NAPOLÉON.

21 *Août.* (Cette protestation fut remise par Bonaparte à lord Keith, pour la transmettre à son gouvernement. Elle fut insérée dans *The Courrier* du 21 août, mais avec quelques altérations dans le texte. Nous rétablissons la pureté de ce dernier dans la version publiée

par le général Gourgaud, et qu'on peut regarder comme la seule originale.)

« Je proteste solennellement ici, à la face du ciel et des hommes, contre la violation de mes droits les plus sacrés, en disposant, par la force, de ma personne et de ma liberté. Je suis venu librement à bord du *Bellérophon*; je ne suis pas prisonnier : je suis l'hôte de l'Angleterre.

« Aussitôt assis à bord du *Bellérophon*, je fus sur le foyer du peuple britannique. Si le gouvernement, en donnant des ordres au capitaine du *Bellérophon* de me recevoir ainsi que ma suite, n'a voulu que me tendre une embûche, il a forfait à l'honneur et flétri son pavillon.

« Si cet acte se consommait, ce serait en vain que les Anglais voudraient parler à l'Europe de leur loyauté, de leurs lois, de leur liberté. La foi britannique se trouvera perdue dans l'hospitalité du *Bellérophon*.

« J'en appelle à l'histoire. Elle dira qu'un ennemi qui fit vingt ans la guerre au peuple anglais, vint librement, dans son infortune, chercher un asile sous ses lois : quelle plus éclatante preuve pourrait-il donner de son estime et de sa confiance? Mais que répondit-on en Angleterre à tant de magnanimité? On seroit de tendre une main hospitalière à cet ennemi; et quand il se fut livré de bonne foi, on l'immola. »

A bord du *Bellérophon*, à la mer, le 4 août 1815.

NAPOLÉON.

§. IV.

Instruction sur la manière dont sera traité le général Bonaparte.

Lorsque le général Bonaparte quittera *le Bellérophon* pour se rendre à bord du *Northumberland*, ce sera pour l'amiral Cockburn le moment convenable pour faire visiter les effets que le général pourrait avoir avec lui. L'amiral permettra que tout le bagage, les vins et les vivres que le général aura pris avec lui, soient transportés à bord du *Northumberland*. Parmi ce bagage est comprise sa vaisselle, à moins qu'elle ne soit si considérable, qu'on ne puisse la regarder comme un article destiné à être converti en argent comptant, plutôt que comme un meuble destiné à son usage. Son argent, ses pierreries, ses effets susceptibles d'être vendus, de quelque genre qu'ils soient, par conséquent ses lettres-dechange, seront livrés. L'amiral déclarera au général que le gouvernement britannique n'a nullement l'intention de s'emparer de sa propriété, mais seulement d'en prendre l'administration pour l'empêcher de s'en servir comme de moyens propres à favoriser sa fuite. L'examen de ses effets se fera en présence d'une personne nommée par le général Bonaparte ; l'état de ceux qu'il gardera sera signé par cette personne et par le contre-amiral, ou par celui qu'il aura chargé de dresser cet état.

On emploiera à son entretien les intérêts ou le capital de sa propriété, suivant que le produit en sera plus ou moins considérable, et on lui en laissera, à cet égard, la principale disposition. Il pourra de temps en temps faire connaître ses désirs à ce sujet à l'amiral, jusqu'à l'arrivée du nouveau gouverneur à Sainte-Hélène, et ensuite à ce dernier. S'il n'y a rien à objecter contre ses propositions, l'amiral, ou le gouverneur, donnera les ordres nécessaires, et la dépense sera payée en traite sur le trésor de sa majesté. Le général Bonaparte peut, en cas de mort, disposer, par testament, de sa propriété, et être certain que ses dernières volontés seront exécutées ponctuellement.

Comme on pourrait chercher à faire passer une partie de sa fortune pour la propriété des personnes de sa suite, on doit déclarer que la propriété de ceux qui l'accompagnent est soumise aux mêmes dispositions.

Le commandement des troupes destinées à le garder doit être laissé au gouverneur; mais d'après les instructions que le gouverneur a reçues, il doit se conformer aux demandes de l'amiral, dans le cas dont il sera question ci-après.

Le général Bonaparte doit être constamment accompagné par un officier nommé par l'amiral, ou, suivant l'occurrence, par le gouverneur. Lorsque l'on permettra au général de sortir de l'enceinte où les factionnaires sont placés, l'officier doit être accompagné au moins d'un militaire d'ordonnance.

Lorsque des vaisseaux arrivent, et aussi long-temps qu'ils sont en vue, le général ne peut sortir de l'enceinte gardée par des factionnaires. Pendant ce temps toute communication est interdite avec les habitans. Ceux qui l'accompagnent à Sainte-Hélène sont alors soumis aux mêmes règles, et doivent rester près de lui. Dans d'autres temps on laisse à la prudence de l'amiral, ou du gouverneur, d'ordonner par rapport à eux les mesures jugées nécessaires.

On doit notifier au général que dans le cas où il ferait quelque tentative pour s'échapper, il sera alors resserré plus étroitement, et faire connaître aux personnes qui l'accompagnent que si l'on découvre quelques trames ourdies par elles pour faciliter l'évasion du général, elles en seront séparées et gardées plus étroitement.

Toutes les lettres adressées au général, ou aux personnes de sa suite, seront remises à l'amiral, ou au gouverneur, qui les lira avant de les laisser parvenir à leur adresse. La même précaution aura lieu pour les lettres du général ou des personnes de sa suite. Toute lettre qui ne sera point parvenue à Sainte-Hélène par le secrétaire-d'état, ne pourra être remise au général, ou à quelqu'un de sa suite, si elle est écrite par quelqu'un qui n'habite point l'île. Toutes leurs lettres adressées à des personnes non domiciliées dans l'île, seront expédiées sous le couvert du secrétaire d'état.

On déclare formellement au général que le gouverneur et l'amiral ont l'ordre précis de faire parvenir au gouvernement de sa majesté toutes les demandes et les représentations que le général desirerait leur adresser : ils n'ont aucune précaution à observer à cet égard; mais les feuilles sur lesquelles seront écrites ces demandes ou ces représentations, doivent leur être communiquées ouvertes, afin qu'ils puissent en prendre lecture, et y joindre les observations qu'ils jugeront nécessaires.

Jusqu'à l'arrivée du nouveau gouverneur, l'amiral sera regardé comme entièrement responsable de la personne du général Bonaparte, et le gouvernement de sa majesté ne doute nullement de la disposition du gouverneur actuel, à faire, à cet égard, cause commune avec l'amiral. Celui-ci est autorisé à garder le général à bord, ou à le faire embarquer s'il juge qu'il n'a pas d'autre moyen de s'assurer suffisamment de sa personne.

Quand l'amiral arrivera à Sainte-Hélène, le gouverneur prendra, sur ses représentations, des mesures pour que les officiers, ou d'autres personnes faisant partie des corps militaires de Sainte-Hélène, que l'amiral jugera à propos de destituer, parce qu'ils sont étrangers, ou à cause de leur caractère ou de leurs dispositions, soient envoyés sur-le-champ en Angleterre ou aux Indes orientales, suivant les circonstances. S'il se trouve dans l'île des étrangers dont le séjour paraîtrait avoir pour but d'être les instrumens de la fuite du général, le gouverneur s'occupera de les éloigner de l'île.

Toute la côte de l'île, tous les bâtimens et les chaloupes qui la fréquenteront sont mis sous la surveillance de l'amiral. Il déterminera les endroits où les chaloupes peuvent aborder, et le gouverneur enverra une garde suffisante sur les points où l'amiral jugera cette précaution nécessaire. L'amiral prendra les mesures les plus efficaces pour veiller sur le départ et l'arrivée de chaque bâtiment, et pour empêcher avec la côte toute autre communication que celle qu'il autorisera. On rendra un ordre pour empêcher qu'après un certain terme jugé nécessaire, aucun navire étranger ou marchand ne puisse faire voile pour Sainte-Hélène.

Si le général Bonaparte venait à tomber sérieusement malade, l'amiral et le gouverneur nommeront chacun un médecin qui ait leur confiance, pour traiter le général conjointement avec son propre médecin. Ils leur enjoindront strictement de leur faire tous les jours leur rapport sur l'état de sa santé. En cas de décès, l'amiral donnera ordre que son corps soit transporté en Angleterre.

Donné au département de la guerre, le 30 juillet 1815.

§. V.

Séjour à Sainte-Hélène.

Le 9 octobre, à onze heures du matin, l'aviso *l'Icarus* mouilla dans la rade de James. Le bruit se répandit bientôt qu'il venait annoncer l'arrivée d'une escadre sur laquelle était Napoléon Bonaparte, ex-empereur des Français, déporté pour la vie à Sainte-Hélène, en vertu d'une résolution de toutes les puissances alliées.

A peine cette nouvelle fut-elle connue dans l'île, que tous les habitans, abandonnant les monts et les vallées, vinrent peupler la ville, qui n'offre qu'un désert en l'absence des vaisseaux anglais ou neutres, dont chacun n'y relâche qu'à son retour de l'Inde.

Le 15 octobre, au lever du soleil, la vigie du Mont-de-l'Échelle signalant sept navires au nord, les insulaires accoururent au rivage. Toute la garnison prit les armes. Le gouverneur et son état-major vinrent s'installer à l'hôtel, situé en face du temple.

Vers trois heures, l'escadre mouilla dans la rade, au bruit d'une salve de vingt et un coups de canon que lui rendirent les batteries de la côte; mais la chaloupe du vaisseau *le Northumberland* ne débarqua que l'amiral sir Georges Cockburn avec deux officiers qui furent conduits à l'hôtel du gouverneur, où ils dînèrent. On donna ensuite des ordres pour le logement provisoire du déporté impérial, dont le débarquement n'eut lieu que le 18; et, pendant ces trois jours, les Hélénois, attroupés sur la rive, portèrent sans cesse leurs yeux sur le vaisseau du roi, tandis que l'ex-empereur et sa petite cour venaient de temps en temps sur le pont du navire examiner, à l'aide d'une lorgnette, leur retraite philosophique.

Avant de donner sur leur séjour quelques détails succincts, mais exacts, recueillons quelques-uns de ceux qu'ils offrirent à l'observateur durant la traversée.

Au moment où Napoléon traversa le canal de la Manche, il était sur le pont avec toute sa suite. En apercevant la pointe du Cap de la Hogue, il ôta son chapeau, étendit la main vers les côtes de France, et s'écria d'une voix altérée : *Adieu, terre des braves! Quelques perfides de moins, et la grande nation serait encore la maîtresse du monde...* A ces mots, les officiers-généraux manifestèrent la plus vive émotion, les femmes fondirent en pleurs, et Bonaparte, couvrant son visage, se retira dans sa cabine, d'où il ne sortit plus qu'on n'eût gagné la haute mer. Les jours suivans, et même pendant toute la route, il montra plus de calme, de sérénité, et l'on pourrait dire même de bonne humeur.

La veille de sa fête (15 août, jour où la France impériale célébrait à la fois l'Assomption de la Vierge, saint Napoléon, patron du monarque, et la restauration du culte), *Napoléon* Bonaparte donna un thé magnifique, auquel, après avoir reçu l'hommage de *ses sujets* (1), il invita les officiers anglais. L'équi-

---

(1) Indépendamment de l'anomalie politique dans laquelle se trouve celui dont on parle, est-il bien dans l'esprit du siècle qui doute, examine, analyse et juge, de qualifier de *sujets* ceux que le retour à la liberté rendit *citoyens* ? Sous un régime constitutionnel, les membres de la cité participent aux pouvoirs quand ils exercent leur droits; et lorsqu'ils accomplissent leurs devoirs, ils ne sont *sujets* que de la loi, dont le prince seul n'est point *sujet*.

page lui ayant présenté en corps un superbe bouquet, fut gratifié, par ses ordres, de plusieurs paniers de Bordeaux. Quand nous fûmes parvenus à la hauteur des Açores, un bâtiment marchand, se dirigeant de l'est au nord, passa à une demi-encablure du vaisseau amiral ; Bonaparte monte rapidement sur le pont, croise ses mains devant sa bouche en forme de porte-voix, et héle ce navire, dont il reconnaît la structure pour être italienne. — D'où venez-vous, lui cria-t-il dans cette langue ? (Le capitaine, en ce moment, faisait hisser le pavillon napolitain.) — De Madère, répond-il dans le même idiôme. — Où allez vous ? — A Naples. — Eh bien ! faites savoir à Rome que le 22 août vous avez rencontré Napoléon, proscrit et déporté à Sainte-Hélène.

L'ex-empereur eut, avec un aide-chirurgien du bâtiment une conversation qui fut altérée dans le temps par les gazettes anglaises qui la rapportèrent. Nous la rétablissons ici.

« Il ne me parla qu'une seule fois, raconte cet officier de santé; c'était à l'occasion du *Paradis perdu* que je lisais, assis sur le banc de quart. — Quel livre est-ce là, jeune homme ? me dit-il en souriant. — Mon général, lui répondis-je, c'est le poëme de notre Homère, traduit par votre abbé Delille. — Vous aimez donc les vers français? — Quand ils sont beaux, et qu'ils imitent Thomson, Pope ou Milton. — Delille n'est point un poëte; c'est le plus habile de nos versificateurs. Il a plus de réputation chez vos compatriotes que parmi nous, et la France peut lui reprocher d'avoir substitué, dans son poëme des Jardins, la description de Kensisngton à celle de Versailles... Mais c'était la mode, et l'anglomanie, qui gâta notre littérature, a fini par envahir notre politique... On oublie trop, on oublie sans cesse qu'en politique, en littérature, en religion, dans les mœurs, il faut être de son pays... Voyez les beaux fruits que donnent les plantes exotiques!.. Quant à votre Homère britannique, il manque de goût, d'harmonie et sur-tout de naturel... Relisez le chantre d'Achille, dévorez Ossian : ce sont là des poëtes qui élèvent l'ame et donnent à l'homme une grandeur colossale. — Votre excellence place sans doute l'auteur de *la Henriade* auprès du vieux Mélésigène et du poëte créé par Macpherson? — Fort bien, vous êtes instruit : notre Voltaire est le plus grand des écrivains; mais comme poëte épique, s'il efface Milton, le Camoëns, Ossian, il ne marche qu'après le Tasse. Avez vous lu Corneille? — Trois fois, et dix fois Shakespeare.— La réponse est digne d'un Breton; j'aime que l'on soit patriote. Vous saurez cependant qu'il y a aussi loin de Shakespeare à Corneille que d'un mousse à un amiral, et celui qui le dit est membre de l'Institut de France.

Ici, ajouta l'aide-major, le héros académicien fut abordé par le général Bertrand, et je continuai ma lecture. — Quel homme, lui demanda-t-on, est-ce que cet officier dont le dévouement est si noble et la fidélité si rare?—Un des premiers ingénieurs de l'armée. Bonaparte lui dût en partie la victoire de Wagram. — Et Las-Cases, Gourgaud, Montholon? — Las-Cases est un bon militaire, excellent géographe, homme instruit, auquel le public doit l'atlas connu sous le nom de Lesage. Gourgaud est un officier recommandable, qui joint à ce titre beaucoup d'esprit et d'instruction. Le quatrième, gendre de M. de Sémonville, grand-référendaire de la chambre des pairs, a été chambellan de l'ex-empereur; et c'est encore en cette qualité qu'il s'est de nouveau attaché à sa personne. — Parlons des femmes : la comtesse Bertrand est-elle jeune et jolie? Elle est grande et assez bien faite; mais elle paraît impérieuse, entreprenante et elle *parle* passablement. La comtesse de Montholon possède une figure charmante, de la sensibilité, de la douceur, et le mérite de ne parler que lorsqu'on l'interroge. Quant aux femmes de chambre, deux ont de la jeunesse, des charmes, une tournure intéressante : l'une paraît s'être arrangée avec le général Gourgaud ; la plus jeune, la plus jolie faisait le lit de Bonaparte...»

Voici, durant cette longue traversée, quelle était sa manière de vivre. Il passait une partie du jour sur le pont du vaisseau, tantôt observant avec une lunette le mouvement des autres navires de l'escadre, les bornes du vaste horizon et jusqu'au moindre nuage ; tantôt se promenant très-vite, les mains sur le dos, se parlant à lui-même, tandis que l'un des siens se tenait constamment à une distance respectueuse. L'amiral le traitait avec les plus grands égards et causait souvent avec lui. Il ne restait qu'une demi-heure à table, buvait fort peu de vin, mais il prenait chaque jour cinq à six tasses de café. Il portait quelquefois la santé de l'armée française. Le soir, il jouait aux échecs, au wisk, au vingt-et-un, et le matin *à la bataille*. Pour se faire l'idée de ce jeu, il faut savoir que Napoléon a apporté de France six caisses qui contiennent vingt-cinq à trente mille hommes de bois, hauts de deux pouces, et de toutes couleurs, généraux, officiers, artilleurs, cavaliers, fantassins : à l'aide de ses lieutenans, il les range en ordre de bataille sur une grande table d'acajou, et tous ces corps unis, se disloquant à volonté, figurent tous les mouvemens de deux armées ennemies, dont l'une est commandée par Bertrand et l'autre par Napoléon, qui gagne presque toujours la victoire.

Les 16 et 17 octobre, on débarqua successivement le bagage de Bonaparte : il consiste en une garde-robe assez modeste, une fort belle bibliothèque, plusieurs bijoux précieux, trois services de vaisselle plate, dont l'un en or; une toilette en argent, deux pendules en vermeil, quatre lits élégans, etc.

Dans la matinée du 18, trois coups de canon annoncèrent le débarquement, et soudain tous les insulaires se répandirent sur la côte; la garnison, en grande tenue, borda la haie depuis l'hôtel jusqu'à l'aiguade; le gouverneur, son lieutenant et son état-major se rendirent au bord de la mer, sur une esplanade voisine de la grande batterie.

Quelques minutes après, la chaloupe du *Northumberland*, le yacht et un canot se dirigèrent vers le rivage, tandis que les embarcations du reste de l'escadre filèrent sur la même route, à une légère distance. Dans le yacht était Bonaparte, sir G. Cockburn, le capitaine de vaisseau et deux lieutenans; dans le canot, le général Bertrand, le général Gourgaud, le comte de Montholon, le comte de Las Cases, la comtesse Bertrand, la comtesse de Montholon et quatre enfans; dans la chaloupe, douze domestiques, dont trois femmes; dans les autres embarcations, le cinquante-troisième régiment et une compagnie d'artillerie. Pendant ce court trajet, une salve d'artillerie fut tirée de la côte et de tous les vaisseaux. On prétendit, dans le temps, que ce salut ne regardait que le pavillon britannique. Napoléon avait un habit bleu, revers et paremens rouges, sans épaulettes, veste et culotte blanches, des bas de soie, l'étoile de la Légion-d'Honneur, avec la cocarde tricolore.

On débarque. Le tambour bat, la troupe présente les armes; Bonaparte se découvre, salue le gouverneur, auquel il adresse quelques mots. Alors, le cortége se met en marche, mais sans musique, et l'on arrive à l'hôtel du gouvernement, où un dîner splendide termine la cérémonie.

Conduit le lendemain à la campagne, dans

l'élégante habitation de sir Belcome, il y traita fort noblement les officiers supérieurs de l'île et de l'escadre. C'est là qu'il fut logé avec toute sa suite ; et il y est resté jusqu'au mois de janvier; car la demeure qu'on lui destinait dans le district de Long-Wood, à l'orient de James-Town, ne fut prête qu'à cette époque.

M. O'Mears, premier chirurgien de Napoléon (le même qui vient de revenir en Angleterre, soupçonné d'avoir facilité la correspondance de l'ex-empereur avec ses agens de Londres et de Paris), M. O'Mears présenta à ce prince l'aide-major dont il a déjà été question, et qui eut avec lui le colloque suivant. Il me parut jouir d'une santé florissante, dit cet officier de santé, et n'avoir point souffert des fatigues de la traversée. Comme j'en faisais la remarque, il me répondit en souriant: La nature m'a doué d'un corps de fer, et mes ennemis ajoutent d'une ame de bronze... — Excellence, ils se contredisent, puisqu'ils prétendent que vous avez versé des larmes. — Sur mon fils et sa mère. N'ont-ils pas dit encore que j'étais accablé d'un sommeil continuel? Les sots! ils ne savent point qu'un despote ne dort jamais.

Toutes les personnes de sa suite jouissaient

alors, et paraissent avoir joui jusqu'ici, d'une bonne santé, d'un calme, résignation et même d'une gaîté véritablement digne du caractère français.

Après quelques jours de repos, il obtint le 24 octobre, la permission de faire le tour de l'île avec ses aides-de-camp. Ils étaient à cheval, accompagnés du gouverneur et de l'amiral, et d'une vingtaine de soldats qui composaient leur escorte d'honneur.

Long-Wood (Long-Bois) est destiné à la résidence de l'ex-potentat : c'était celle du lieutenant-gouverneur. Ce n'est pas, comme on l'a dit, le point le plus élevé de l'île, mais une maison agréable située sur un mont peu élevé, où s'étend, d'un côté, une plaine fertile, et de l'autre, un bois de gommiers. On a confondu cette habitation avec le Pic de Diane, rocher le plus élevé de Sainte-Hélène, d'où l'on découvre les vaisseaux à soixante milles en mer. On comprend que c'est sur ce point qu'on aurait placé une vigie, si déjà elle n'avait été établie.

La maison de M. Belcome, occupée d'abord par Bonaparte, fut cernée jour et nuit par un cordon de trente factionnaires : à chacune des portes, qui sont nombreuses, on avait établi un corps-de-garde.

On a élevé, autour de Long-Wood, un mur de vingt pieds, et cette première enceinte, où Bonaparte peut se promener seul ou avec ceux de sa suite, a plus de trente arpens. Dans une seconde enceinte, d'une circonférence décuple, il est accompagné ou du gouverneur, ou d'un officier supérieur, et, à quelque distance, suivi par plusieurs soldats. Toute la partie de l'île, dans laquelle il peut se promener à cheval, est hérissée de sentinelles, et l'on sait que des batteries nombreuses, et plus multipliées que jamais, rendent Sainte-Hélène non-seulement imprenable de vive force, mais inaccessible à toute autre tentative. Il y a maintenant quinze cents hommes de garnison, sans y comprendre la milice. Napoléon les a vus manœuvrer plusieurs fois.

L'île est gardée, à l'extérieur, par de nombreuses embarcations qui croisent à toutes les distances, et des signaux sont établis entre tous les vaisseaux, les postes de la ville et ceux de l'intérieur. Cent cinquante pièces de canon garnissent les redoutes anciennes et nouvelles. Si une escadre, ou même une flotte ennemie se présentait pour enlever Bonaparte, elle ne pourrait approcher de l'île que par la côte N.-O., où sept batteries à fleur d'eau défendent son enceinte de rochers, dont le moindre s'élève à plus de deux cents toises. Que si l'audace, la trahison, la ruse voulaient favoriser l'évasion du fameux prisonnier, en supposant qu'il puisse sortir de sa demeure et s'embarquer sur un navire, tous les autres, au premier signal, fileraient soudain sur leurs cables.

Quand une voile est signalée, Napoléon est aussitôt consigné dans son domicile. Tous les bâtimens étrangers, sans exception, ne pourront aborder dans l'île, tant qu'elle continuera d'être sa résidence.

Le 12 novembre, l'ex-empereur donna une fête : elle consista en un festin, un concert et un bal. La comtesse Bertrand brilla sur le piano ; madame de Montholon chanta d'une manière ravissante, en s'accompagnant sur la harpe. Mademoiselle Sophie N*** exécuta fort bien une ariette italienne. Les généraux, le chambellan, plusieurs officiers anglais et quelques Hélénois admis à la fête, firent danser les dames anglaises, hélénoises et françaises. Bonaparte ne dansa point. Deux jours auparavant, il y avait eu, dans cette petite cour, une scène intéressante. Le colonel polonais

Pitowski, dont il a déjà été parlé, et qui avait montré un si vif desir de suivre Bonaparte, arriva de Plymouth sur le brick *le Marsouin*. Après avoir subi une visite et un examen minutieux, il fut présenté à son maître, par le lieutenant-gouverneur, au moment où Napoléon se promenait avec toute sa cour. Pitowski jette un cri à son aspect, balbutie quelques mots et vole dans les bras de *son* empereur, qui reçoit et lui rend ses embrassemens avec une vive émotion. Je me rappelai Vendredi retrouvant Robinson dans son île déserte...

Napoléon n'est point oisif dans la sienne : il se lève dès l'aurore, s'occupe de mathématiques jusqu'à l'heure du déjeûner, travaille ensuite à la rédaction de ses *Mémoires politiques*, dîne à deux heures, fait une très-longue promenade, et quand il pleut, se fait tirer les cartes par madame Bertrand. Il daigne donner ensuite une leçon d'italien à mademoiselle Sophie, soupe à neuf heures, joue à la bouillotte, au billard ou à la bataille. Toute sa cour, mademoiselle Sophie comprise, est admise à sa table. Suivant l'étiquette officielle, les Anglais ne lui accordent que l'*excellence* ; mais ses serviteurs, imbus de l'idée que le caractère royal est ineffaçable, lui ont conservé *la majesté.* En cela, se conforment la plupart des Hélénois qui sont admis dans son intérieur; et dans la familiarité des conversations, dont il fait souvent les frais, les habitans de l'île continuent à donner à Napoléon le titre impérial.

FIN.

TOPOGRAPHIE DE SAINTE-HÉLÈNE.

L'ILE de Sainte-Hélène, découverte le 21 mai 1502, par Jean de Nova, gentilhomme portugais qui revenait des Indes, est située à 15° 55' de latitude méridionale et à 8° 14' à l'occident du méridien de Paris. Elle est au milieu de l'Océan atlantique à 340 lieues du Cap-Palmas aux côtes d'Afrique; à 600 S.-E. des côtes du Brésil; à 600 N.-O. du cap de Bonne-Espérance, et à 1700 S.-O. de Paris. Sa longueur est d'environ 3 lieues 3/4, de la pointe d'Abe à la pointe Manand, et sa longueur du bourg de Saint-James à la côte du sud-est, est d'un peu plus de 2 lieues et 1/4. Sa circonférence est de 9 lieues environ, et on estime qu'elle contient 24,000 arpens.

Cette île, inhabitée lors de sa découverte, n'était qu'une forêt où les arbres croissaient avec une rapidité étonnante et se détruisaient de même pour faire place à de nouvelles tiges. Il est probable qu'aucune espèce d'animal n'existait dans l'intérieur de l'île : les côtes seulement étaient fréquentées par des oiseaux aquatiques; des veaux marins, des lions de mer et des tortues s'y rendaient aussi à certaines époques.

La grande quantité d'eau douce et les plantes rafraîchissantes qu'on y trouva, rendirent précieuse la découverte de Sainte-Hélène aux Portugais, qui commençaient à fonder leur suprématie dans les Indes. Cependant, elle resta long-temps inculte et déserte, et ce ne fut qu'en 1513 que quelques colons s'y fixèrent. Voici ce qu'on lit à cet égard dans l'histoire des découvertes portugaises.

Rosto Mocus, fameux chef indien qui disputa long-temps la victoire au célèbre Alphonse Albuquerque ayant enfin été vaincu, fut forcé, par un article d'un traité, de livrer aux vainqueurs plusieurs seigneurs portugais qui avaient abandonné et leur religion et les drapeaux d'Albuquerque. Rosto Mocus obtint qu'ils auraient la vie sauve; mais Albuquerque ne crut pas manquer au traité en les mutilant pour en faire un exemple terrible : il leur fit couper le nez, les oreilles, la main droite et le petit doigt de la main gauche; puis, les faisant embarquer, il les envoya en Europe. Fernando Lopez, l'un de ces malheureux, préféra un exil volontaire à la honte de reparaître dans sa patrie dans l'etat où il était : il demanda à être débarqué à Sainte-Hélène, ce qui lui fut accordé; et à l'aide de quelques esclaves nègres et indiens qu'on lui laissa, il essaya de défricher quelques coteaux. Les plus grands succès couronnèrent ses travaux, et bientôt la cour de Portugal songea à les encourager en lui envoyant des animaux domestiques qui pullulèrent rapidement, et des plantes et des graines qui réussirent au-delà de tous les souhaits. Telle est l'origine de la population de Sainte-Hélène.

Cependant, les Portugais ne négligeaient rien pour dérober aux nations européennes la connaissance de cette île. Mais, en 1538, le 8 juin, le capitaine anglais Cavendish, qui revenait en Europe après avoir fait our du monde, aperçut cette île et mouilla vis-à-vis le Val la Chapelle, où est aujourd'hui le bourg Saint-James. Plusieurs vaisseaux anglais y mouillèrent depuis, et bientôt les Espagnols et les Hollandais vinrent y chercher des rafraîchissemens. Les Portugais qui avaient formé plusieurs établissemens sur les côtes d'Afrique négligèrent alors Sainte-Hélène; bientôt ils en retirèrent les colons qui s'y étaient établis, pour les transporter ailleurs, et abandonnèrent cette île. Quelques nègres cependant s'étaient cachés dans l'intérieur des terres et continuèrent à cultiver les terrains défrichés par Fernando Lopez. Les Hollandais s'y établirent alors, et ils la conservèrent jusqu'en 1651, qu'ils l'abandonnèrent après leur établissement au cap de Bonne-Espérance. Les Anglais s'en emparèrent alors : en 1661, elle fut donnée à la compagnie des Indes; et depuis ce temps, cette fertile colonie n'a fait que prospérer. En 1672, les Hollandais regrettèrent d'avoir abandonné cette possession; et comme ils étaient en guerre avec l'Angleterre, ils l'attaquèrent et s'en rendirent maîtres; mais l'année suivante ils en furent chassés, et depuis cette époque la compagnie des Indes a joui paisiblement de cette importante possession.

Sainte-Hélène vue de la mer, ne présente aux regards du voyageur qu'un rocher nu, aride et escarpé ; ce n'est que lorsqu'on s'aproche que l'on apperçoit les hautes montagnes qu'elle a dans son intérieur : on aperçoit alors quelque trace de végétation ; mais si l'on s'approche davantage de l'île, son aspect change de nouveau, et la vue ne se repose plus que sur des masses de rochers qui semblent prêtes à s'écrouler dans la mer : une chaîne de ces rochers, dont la hauteur varie de 800 à 1400 pieds borde l'île de toutes parts, et ne s'interrompt un instant qu'entre la montagne de l'Echelle et le mont Ruperth, où est le lieu de débarquement et le bourg de James-Town.

L'intérieur de l'île est partagé en deux parties inégales par une chaîne de montagnes élevées qui se dirige de l'est à l'ouest et se recourbe vers le midi aux deux extrémités : plusieurs chaînes latérales partent de celles-ci, dans la direction du sud et sur-tout du nord, et forment de nombreuses vallées.

A l'extrémité orientale de l'île est le Pic de Diane point le plus élevé de l'île; il a 2692 pieds au-dessus du niveau de la mer ; de là on découvre toute l'île et l'on y jouit d'un horizon immense que rien ne borne, si ce n'est la faiblesse de notre vue. La pointe des Cocus, de 2672 pieds anglais, et le mont Halley, de 2467, tiennent au Pic de Diane. La Pointe du Pavillon, de 2272, et la Grange de 2015, sont au bord de la mer; la Maison d'Alarme, au centre de l'île, a 1960; la Haute-Cime, au sud-ouest de la Maison d'Alarme, a 1903 pieds. Enfin Long-Wood, maison de campagne du gouverneur et demeure actuelle de Bonaparte, est à 2500 pieds au-dessus du niveau de la mer : tels sont les points les plus élevés de l'île. Des sources nombreuses sortent de cette chaîne qui partage l'île, et leurs eaux réunies forment quelques ruisseaux qui fertilisent la vallée de la Chapelle où se trouvent James Town, et celles d'Orangel, du Tabac, des Cochons, des Sables, du Pêcheur, des Epines, et autres.

La principale masse de l'île se compose de basalte.

Il s'y trouve par bancs inclinés et parallèles. Dans quelques endroits il se présente sous la forme prismatique ; mais généralement il s'approche de la forme columnaire. Dans plusieurs de ces bancs, il se trouve des masses de substances volcaniques. Des couches d'argile recouvrent le basalte et sont, comme celui-ci, en bancs inclinés et parallèles. La terre qui recouvre ces couches est grasse et argileuse : elle contient beaucoup de parties salines, et sa profondeur est bien plus grande qu'il ne le faut pour les besoins de l'agriculture. La qualité du sol jointe à la température du climat, le rend également propre aux cultures de l'Europe et à celles de l'Asie.

Les arbres indigènes sont le chou-palmiste : le bois en est dur, et sert à la charpente légère ; le gommier et le bois rouge, sorte d'ébènier dont le bois sert à la construction. Jadis le gommier dominait et couvrait toute l'île, et aujourd'hui il ne se trouve que dans le quartier de Long-Wood. On y a transplanté le chêne, le pin et le cyprès : ce dernier est rare, mais l'autre y vient avec succès.

Le gazon anglais forme, dans les parties hautes, d'excellens pâturages : dans les vallées le pâturin a mieux réussi que le gazon. On élève beaucoup de bœufs et de moutons qui offrent une bonne ressource aux vaisseaux qui reviennent des Indes. On compte que, l'un portant l'autre, cent soixante-cinq vaisseaux y abordent chaque année.

Les vallées qui avoisinent la mer sont favorables pour la culture des fruits : les bananes et les plaintains y sont abondant. On y a fait d'heureux essais pour y introduire des pommiers, des pêchers, des mûriers et des coignassiers : la cerise, l'abricot, la groseille n'ont pu s'y acclimater. Le raisin, les figues et les oranges y sont une ressource abondante, et on regrette que le cocotier et le châtaignier n'y soient pas plus nombreux; car le peu qui y ont été plantés sont dans l'état le plus satisfaisant.

Parmi les autres végétaux qui couvrent le sol de cette île, on distingue encore *la ronce d'Europe*, qui y fut transplantée pour en former des haies vives, vers l'année 1780. Le climat et le sol furent si favorables à cette plante, que l'on vit en peu de temps des pâturages immenses couverts par ses rejetons; et ses progrès furent si effrayans, que le gouvernement employa les soldats de la garnison à son extirpation. Une espèce *d'igname*, venue de Madagascar, se cultive dans les vallées : le fruit, cuit sous la cendre, est une nourriture très-saine pour les gens peu fortunés. *La pomme-de-terre* y vient mieux qu'en Europe, et les vaisseaux qui abordent en achètent considérablement. Les *choux*, les *pois*, les *haricots* y donnent deux récoltes. Le produit de la vente que les habitans font chaque année aux vaisseaux qui abordent à James-Town, s'élève à plus de 150,000 francs, y compris bestiaux, volailles et légumes. Enfin, on y trouve le manguier, le bambou, le badamier, l'azédarach, le figuier du Bengale, le dragonier, l'arbre à vie de la Chine, le syruga, le rosier de la Chine, le ricen, le cotonier, le romarin, etc. Tous les quartiers de l'île sont cependant bien loin d'être cultivés ou fertiles : sur les trente mille acres qu'on estime qu'elle renferme, il n'y en a qu'environ huit mille qui sont cultivés, deux mille cinq cents cédés par la compagnie à des particuliers, quatre mille loués à bail emphythéotique, mille cinq cents exploités au profit du gouverneur, du vice-gouverneur et de la compagnie par leurs agens. Il est étonnant qu'il n'y en ait pas davantage; car, en aucun pays, une ferme n'est plus profitable qu'à Sainte-Hélène, où, selon M. Malte-Brun, les bonnes terres donnant trois récoltes de patates, et chaque acre en produisant quatre cents boisseaux, à 8 francs 80 centimes le boisseau, le produit brut d'un acre doit être de la valeur de 3,520 fr.

On n'est importuné, dans cette heureuse colonie, par aucun animal carnassier ou venimeux; mais tous les animaux domestiques y ont multiplié rapidement: le bœuf, le mouton, les cochons, et sur-tout les chèvres, y sont nombreux; il y a beaucoup de chiens et de chats, et le rat est le seul animal nuisible qu'on y trouve: on cite plusieurs époques où leur nombre a causé de grands dégâts. La monture ordinaire est l'âne, et la bête de somme dont on se sert le plus habituellement, est le bœuf.

La poule d'Europe, la poule d'Inde, la pintade, la perdrix et le faisan, y sont très-nombreux. Des serins de Canarie et le moineau de Sainte-Hélène, qui est la loxia-orizyvora, égayent, par leur gazouillement, les nombreux bosquets de myrthe, qui y donne un utile ombrage. Ce dernier arbuste y parvient à une élévation de trente pieds.

Près de quatre-vingts espèces différentes de poisson fréquentent les côtes de cette île : les plus communs sont le maquereau, l'albicorne, le cavallo, le congre, le crabe et la baleine à tête pointue. Les rochers y sont couverts d'une huître fort petite : les coquillages les plus communs sont le *long-legs* et le stump, qui ressemblent, pour le goût, et un peu pour la forme, au homard. Beaucoup de poissons volans fréquentent ces parages; on y en a vu souvent qui avaient deux pieds de longueur. De décembre à mars, les tortues y sont abondantes, et fréquemment on y pêche des baleines : on en a tué jusque dans la rade.

La température moyenne de l'année est soixante-neuf degrés (Farenheit), ou environ dix-huit de Réaumur. A James-Town, il est rare que le thermomètre, à l'ombre, s'élève à quatre-vingts (Far.), ou vingt-un de Réaumur. La chaleur réfléchie des côteaux, quand le ciel est pur et qu'il y a peu de vent, est égale à celle de la presqu'île de l'Inde. Le plus grand inconvénient du climat est le défaut d'humidité; car les pluies, une année portant l'autre, ne sont pas suffisantes à la végétation. La saison pluvieuse n'est pas régulièrement marquée comme entre les tropiques. Cependant, février est le mois où il paraît qu'il tombe le plus d'eau. Dans une période de dix à quatorze ans, une tempête, accompagnée de pluie et d'orages, visite cette île, où, d'ailleurs, on ne connaît pas même les brises de terre et de mer.

Le seul lieu de débarquement est à James-Town. Ce bourg, bâti dans le Val de la Chapelle, sur la côte septentrionale de l'île, est le seul de la colonie. Dès que l'on est débarqué, il faut, pour y arriver, passer un pont-levis, après quoi on entre dans un chemin abrité par deux rangs d'une espèce de bananiers, et bordé par des canons de gros calibre. Au bout de ce chemin est une porte construite dans une espèce de rempart qui forme un des côtés de la place d'arme. Cette place est assez belle ; mais quelques bicoques qu'on a laissé subsister entre des maisons d'une belle construction, la déparent. Sur la gauche est le gouvernement, autrement dit *le château*, et le corps-de-garde : ces deux bâtimens sont fortifiés. Vis-à-vis la porte est l'église, dont l'architecture est simple et élégante. A cette place aboutit la Grande-Rue qui compte vingt-huit maisons, toutes bien bâties. Deux autres rues traversent celle-ci : l'une se dirige vers l'est, et l'autre vers le haut du vallon où sont placés les casernes, l'hôpital et le nouveau jardin. Ces rues sont ornées de belles boutiques, où l'on trouve toutes les denrées et marchandises de l'Europe. La Grande-Rue est le quartier des riches, qui généralement ne l'habitent que pendant la saison où les vaisseaux des Indes abordent : pendant le reste de l'année, ils restent à la campagne, où ils ont des habitations charmantes. Les deux montagnes entre lesquelles ce bourg est placé, le mont Rupen à l'est, et la montagne de l'Echelle à l'ouest, sont bien fortifiées, et défendent les approches du débarquement.

Les routes par lesquelles on pénètre dans l'île sont tracées le long de ces montagnes, et elles sont si commodes et si sûres, que des charrettes attelées de bœufs y passent sans peine et sans danger. Pendant un espace de trois-quarts de lieue, tout est nu et stérile ; mais bientôt la vue, d'abord attristée, se repose avec plaisir sur une riche végétation. De jolies maisons et des plantations bien cultivées animent le paysage.

A une lieue environ de la ville est la maison de campagne du gouverneur, appelée *la Maison de Plantation*. Elle est solidement construite, et d'une architecture noble. Cette maison de plaisance date de 1792. On y a réuni tout pour en faire un séjour enchanteur.

Le dernier recensement, fait en 1801, donne à la colonie de Sainte-Hélène cinq cent quatre habitans blancs et mille cinq cent soixante nègres : en total, deux mille soixante-quatre personnes, sans compter la garnison ni les employés civils de la compagnie des Indes. Pour faciliter l'exécution des lois, tant spirituelles que temporelles, on a divisé l'île en trois districts : celui de l'Est, celui de l'Ouest et celui du Sud. Outre l'église qui est à James-Town, il y en a une autre dans la campagne, vers le quartier de la Baie-Sabloneuse. On n'y trouve pas d'auberges ; mais les étrangers qui arrivent se logent chez les particuliers, où, pour une guinée par jour, on leur fournit une table excellente, de bons vins et un appartement très-propre.

Nous croyons devoir joindre à ces notes sur Sainte-Hélène ce que M. Malte-Brun dit de la manière de vivre ces habitans : cette citation complètera, autant que possible, cette imparfaite esquisse de la colonie.

« Une peuplade de philosophes mènerait une vie heureuse dans les charmantes maisons de campagne qui ornent les paisibles vallées et les collines romantiques de Sainte-Hélène ; mais ce bonheur pur et noble n'est pas très-répandu parmi les habitans actuels. Chez quelques-uns on retrouve les mœurs franches et hospitalières des Anglais de la vieille roche. Beaucoup d'autres sont livrés aux inquiétudes d'une avidité insatiable, ou aux petites discordes qui toujours ont nui à la prospérité de l'île. La plupart n'aspirent qu'à *s'en retourner chez eux* (To go home), c'est-à-dire, à se retirer en Angleterre. Les familles des officiers et des employés cultivent la musique, le dessin et d'autres talens agréables : du reste, la société est fort triste et fort monotone. Les personnes qui ne sont jamais sorties de l'île ont des idées singulièrement bornées. Une dame anglaise, en revenant du Bengale, toucha à Sainte-Hélène; on donna des bals et des fêtes en son honneur ; à son départ, une demoiselle hélénoise, de ses amies, lui dit naïvement : Ah ! ma chère, que Londres va devenir un endroit gai à ton arrivée. »

L'IMP. DE M⁰ JEUNEHOMME-CRÉMIÈRE,
RUE HAUTEFEUILLE, n° 20.

www.ingramcontent.com/pod-product-compliance
Lightning Source LLC
Chambersburg PA
CBHW070740170426
43200CB00007B/597